에이징 인 플레이스

노인과 장소의 재발견

에이징 인 플레이스

노인과 장소의 재발견

우국희 지음

KNOWLEDGE COMMUNITY 공동체

/ 저자의 말 /

Aging in Place
우리가 늙어갈 곳,
우리는 마지막 자유를 누릴 장소를 선택할 수 있는가

나는 누구인가? 우리는 살아가는 동안 끊임없이 자신의 정체성에 대해 질문한다. 마지막까지 나의 정체성과 존엄성을 지키며 살아갈 수 있을까? 아버지가 돌아가시기 전 병원에서의 며칠 간 경험은 나에게 학문적 전환점이 되었다.

병원에 입원한 지 며칠 되지도 않았는데 아버지는 당신을 집으로 데려다 달라고 하셨다. 우리는 치료가 급했기에 아버지의 말에 귀를 기울이지 않았다. 신발을 갖다달라고도 하시고, 우리가 안 된다고 하니 택시를 불러서라도 집에 가겠다고 하셨다. 평상시에도 괜찮다며 병원을 잘 가시지 않는 성격이셔서 치료를 기피하시는 것으로만 생각했다.

아버지는 집에 가겠다고 고집을 피우시다가 더 이상 안 된다고 생각하셨는지 잠잠히 침대에 누워 링거를 맞고 계셨다. 병원 천장을 초점 없이 응시하시다가 숨을 거두신 그 모습을 잊을 수가 없다. 갑자기 그렇게 가실 줄은 상상도 못했다.

아버지가 그렇게 집으로 데려다 달라고 하신 말씀의 뜻이 무엇인지를 그때서야 깨닫게 되었다. 당신의 마지막을 당신의 집에서, 당신의 방에서 맞이하고 싶으셨던 것이었다. 내 숨결이 담겨있는 곳, 온전한 내 집이 당신이 마지막 계셔야 할 곳이었던 것이었다. 이때부터 나는 내가 원하는 곳에서 죽음을 맞이할 수 없는 문제에 관심이 집중되었다. 아버지의 문제가 나의 미래의 문제이자 우리 당대 어르신들의 문제였다.

인간 존재의 본질은 자유이다. 내 삶을 스스로 꾸려나갈 수 있는 자유는 살아있음을 입증하는 마지막 보루이다. 노년은 여러 가지 고통을 인내해야 하는 시간이다. 그러나 그 무엇보다 가장 큰 고통은 내 삶을 온전히 다른 사람에게 의탁해야 하는 순간에 찾아온다. 그것은 바로 내가 살고 싶은 장소에서 더 이상 살 수 없음을 통고받는 순간 시작된다. 아직까지 많은 노인들은 양로원, 요양원이 아닌 자신의 집에서 마지막 생을 마치고 싶어 한다. 그것이 병원이든 시설이든 자신의 집이 아닌 장소에서 생애를 보내야 하는 것은 살아도 죽은 것과 다를 바 없는 삶일 것이라 인식된다. "온전한 정신을 갖고서는 지낼 수 없는, 그래서 정신 줄을 놓게 되는" 그런 삶은 더 이상 존엄한 존재로서의 가치를 보장해 주지 못한다.

최근 독일에서는 이상한 현상이 나타나고 있다. 그것은 바로 "노인수출", "원정요양" 등의 용어로 표현되는 것으로,[1] 이는 노인이 자신이 태어난 국가를 떠나 타국에서 돌봄을 받게 된 현실을 빗댄 말

1) 르몽드 디플로마티크 57호(2013. 6. 7)에는 하이케 하르호프 기자가 기고한 "노인을 수출하는 독일"이라는 기사가 실려 있다.

이다. 가족부양을 더 이상 기대하기 어려운 현실에서 국가의 노인 돌봄 전문 인력은 수요에 비해 턱없이 부족하고 이에 들어가는 비용은 노인과 지방정부가 감당하기 힘들 정도로 치솟았다. 2013년 당시 독일에서는 3만 명의 간호사가 부족하며, 이 수치는 2020년이 되면 22만 명까지 늘어날 것으로 추정했다. 전문 인력의 노동 강도는 점점 세지고, 정부의 재정만으로는 고비용을 감당할 수 없기에 노인에게 그 비용을 부담시키려는 정책들이 계획되고 있다. 노인을 돌보는 가족은 해결책을 찾아 장기요양서비스 비용이 좀 더 저렴한 이웃의 동유럽 국가로 노인을 보내고 있다. 아직 고령화가 심각한 수준에 이르지 않은 체코슬로바키아 등 동유럽 국가에서는 이웃 국가의 노인들을 위한 요양프로그램이 개발되고 있다. 동유럽 국가로 내보내지는 노인들의 경우는 어쩌면 다행인지도 모른다. 어떤 노인의 경우는 태국, 필리핀 등 동남아 국가에서 운영하는 양로시설로 내맡겨지고 있다. 이들에게는 그들이 오랫동안 살아 온 문화나 토양은 중요하게 고려되지 않는다. 삶의 내력은 없어지고 더 질 좋은 서비스라는 수사 뒤에 숨겨진 경제적 고민만 남아 있다.

집은 단순한 삶의 거처가 아니다. 집과 관련된 의미는 우리가 흔히 사용하는 말 속에서도 찾아진다. 대부분의 사람들에게 집의 의미를 묻는다면 “휴식의 공간”, “마음의 안식처”라는 단어를 가장 먼저 떠올릴 것이다. 그러나 노인들에게 있어 집은 단순히 심신의 휴식 공간이 아니다. 동화 『오즈의 마법사』에서 주인공 도로시는 꽃들이 만발하고 녹색의 아름다운 장소에서 계속 살아갈 수 있음에도 불구하고, 온 사방을 둘러봐도 잿빛 색깔뿐인 캔자스로 돌아가겠다고 했다.

그 이유를 묻는 질문에 도로시의 대답은 단순했다. “잇츠 마이 홈(It’s my home)”. 아무리 열악하고 보잘것없다 할지라도 그곳이 내 집이고 내 고향이기 때문이다.

체르노빌은 세계에 경종을 울린 원전사고가 일어난 도시이다. 그 도시는 사람이 살지 않는 죽음의 도시가 되어갔다. 그러나 그러한 도시에도 한 사람, 한 사람씩 돌아오기 시작했다. 돌아온 사람들의 대부분은 노인들이었다. 그들은 생명의 땅을 뒤로하고 죽음의 그늘이 여전히 짙게 드리워진 그곳으로 돌아왔다. 그들이 돌아온 이유는 단 한 가지였다. 그곳이 바로 그들의 고향이자 삶의 터전이기 때문이었다.

20세기는 우리로 하여금 공간적으로 사유하도록 촉구한다. 이미 오래전부터 철학, 지리학, 사회학 등 다양한 학문 분야에서는 공간과 장소의 문제가 주된 주제로 자리 잡고 있었으며, 특히 장소는 인간 삶의 정체성을 구성하는 한 축으로서 그 중요성이 높게 평가되어 왔다. 그러나 사회복지 영역에서는 걸음마 단계에 있다고 볼 수 있다 사회복지 전문가들에게 공간적 사유는 비교적 낯설다. 공간적으로 사유한다는 것은 그동안 이해되어 왔던 방식과는 다르게 공간을 이해해야 함을 뜻한다. 최근 노년학, 노인복지 영역에서 “살아온 장소에서 계속 늙어가기”의 의미를 갖는 “에이징 인 플레이스(Aging in Place)”가 각광을 받고 있다. 노년학을 중심으로 장소에 대한 이해와 그것을 기반으로 하는 실천적 사유가 증가함에 따라 사회복지 전문가들에게도 장소에 대한 관심이 높아지고 있다. 장소는 인간의 정체성을 구성하는 핵심 축으로서, 장소에 대한 이해 없이는 사회복지사가 돌보는 다른 사람의 삶의 가치와 의미를 참되게 이해할 수 없다. "환경 속의 인간"에 초점을 두고 있는 사회복지실천이 이제 환경의 한 부분인 장소를 실천과 사회복지교육에 어떻게 통합시킬 것인가가 주요한 과제가 되고 있다.

2017년 우리나라 한 광고회사에서 내보낸 영상은 21세기 과학기술이 추상적, 심리적 차원의 공간 사유와 접목될 수 있는 가능성을 보여주었다. 그 영상의 내용은 다음과 같다. 한평생 해녀로 살았지만 노년이 되어 더 이상 물질을 하지 못하게 된 할머니에게 있어 "바다는 내 집이고 내 고향이고 보물"이다. 그러나 그 고향인 바다는 물질을 더 이상 할 수 없는 고령의 노인에게는 돌아갈 수 없는 장소로서, 마음에만 그리움으로 남아있을 뿐이다. 그 고향을 5G 기술이 할머니가 평생을 물질하시던 신창 바닷속을 고화질 영상으로 전송함으로써 "고향을 떠난 적이 없었으나 고향을 잃어버린 것"처럼 살았던 할머니에게 고향을 되돌려주고, 할머니의 남은 평생을 고향과 더불어 살아갈 수 있는 소망을 심어주었다. "어느 해녀의 그리움"을 담은 이 광고는 세계화, 도시화로 인해 자신의 정체성을 더 이상 지탱해 나갈 수 없는 노인들에게 장소의 중요성과 장소기반 실천을 우리 사회복지사들에게 깊이 고민하게 하는 것이었다.

이 책은 이러한 관점의 변화와 나의 개인적 경험에서 시작되었다. 마지막까지 존엄한 존재로서의 가치와 자신의 정체성을 잃지 않고 자신의 장소 의미를 잃지 않고 살아가는, 아니 죽음을 맞이하는 것이 가능한가? 이 질문에 대해 답을 찾아가는 과정이 막 시작되었을 뿐이다.

이 책이 나오기까지 많은 분의 도움이 있었다. 그중에서도 김한호 박사의 도움이 없었다면 이 책이 나올 수 없었음을 고백한다. 김한호 박사는 추자도가 고향인 분으로 추자도 현지조사를 가능하게 해주신 일등공신이다. 추자도 인터뷰 대상자들을 미리 다 섭외해 주시고, 추자도 역사 자료를 포함하여 관련 자료를 구해주면서 물심 양면으로 도와주셨다. 그리고 또 한 분 서종희 박사께도 감사를 드린다. 혼자 섬 지역 연구를 하는 것이 얼마나 힘 드는지 아는 고로, 바쁜 일정 속에서도 선뜻 현지 섬에 동행해 주셨다. 인터뷰 과정에도 참여하여 연구에 어려움이 없도록 많은 배려를 해주셨다. 역시 감사드린다. 그리고 부족한 이 원고가 세상 밖으로 나올 수 있도록 격려해 준 남편 최영호 박사께도 깊은 감사를 드린다.

/ 차 례 /

제 1 부

공간과 장소의 재발견

제1장
공간의 재발견

사람이 건물을 만들고 그 건물이 다시 사람을 만든다.
- 윈스턴 처칠

1. 공간의 귀환

공간은 시간과 더불어 인간 존재의 본질적 조건이다. 우리가 존재하고 살아가는 모든 것은 공간 경험과 관련되어 있다고 해도 지나치지 않다. 공간은 우리가 발 딛고 서 있는 물리적 토대 이상의 것으로, 우리의 삶을 규정짓는다. 우리의 지성은 공간 속에서 사고하는 방식에 익숙하지만 공간은 오랫동안 학문적 영역에서 간과되어 왔고, 공간에 대한 이해는 짧은 편이다. 그 배경에는 시간 우위의 사유가 있었다.

19세기부터 20세기 중반은 시간이 학문적 관심의 중심에 있었다. 독일 학자 마르쿠스 슈뢰르(Markus Schroer)는 “시간 주제에 대해서는 수많은 연구들이 나왔지만, 사회학이 공간 주제에서 다루지 않은 연구의 틈을 메우기 시작한 것은 불과 몇 년 전부터였다"(슈뢰르, 2010)라고 하면서 공간이 그동안 사회학 이론들에서 소홀히 다루어져 왔음을 지적했다. 도시사회학자인 앙리 르페브르(Henri Lefebvre)는 공간이라는 개념이 기나긴 철학적 형성과정을 거쳐 왔음에도 불구하고, 대중들에게는 공간이라는 용어가 우주적 거리의 의미 혹은 수학과 기하학에서 사용하는 추상적 개념으로 이해되어 왔으며, 학문적 세계에서는 지리적 공간, 사회적 공간, 역사적 공간 등 학자들의 관심에 따라 공간이 파편적으로 연구됨에 따라 전체로서의 공간에 대한 이해가 부족했음을 지적했다(르페브르, 2011).

피터 버거(Peter L. Berger)와 토머스 루크먼(Tomas Luckman)을 위시하여 대부분의 사회이론가들은 일상세계가 공간적, 시간적으로 구조화되어 있지만, 공간적 구조는 부수적이며 보다 더 중요한 것은 일상세계의 시간구조라 보았다. 특히 19세기를 주도해 온 역사적, 진화적 접근은 모든 학문 분야에서 공간을 주변화시키고 시간을 논의의 중심에 두게 하였다. 유승호는 「후기 근대와 공간적 전환」(2013)이라는 그의 논문에서 19세기는 "니체와 하이데거의 계보학적 접근과 헤겔과 마르크스의 진화적 접근이라는 거대한 사상적 프레임이 지성사에 압도적 영향력을 발휘한 때로, 계보학적 접근이 장기 지속의 시간을 통해 권력의 속성을 드러내려 공간을 그 배후의 배경 정도로 삼았다면, 진화적 접근은 시간을 단선화시켜 공간을 주변화, 사물화시켰다"라고 하였다.

근대적 사유의 기반이 된 역사주의적 논리에서 볼 때 시간은 진화, 진보, 발전을 의미한다. 이에 반해 공간은 죽은 것, 정지된 것으로 간주되며 공간이 인류 역사에 끼친 영향은 매우 미미한 것이라 평가되었다. 오랫동안 공간은 스스로는 아무런 영향을 미칠 수 없고, 특정 영향을 받기만 하는 정적이고 피동적이며 사물을 담는 용기라고 인식되어 왔다. 인간은 공간을 채색하고 의미를 채울 수 있지만, 공간은 인간의 경험에 어떤 영향도 끼치지 못한다. 공간은 사물이 그 안에 존재할 때 의미가 있을 뿐, 그 자체로는 무력하고 텅 빈 곳이다. 이 같은 인식은 공간이 갖는 구성적 기능을 보지 못하게 하였다. 사회이론 중 생애연구나 전기연구에서 시간과 더불어 공간을 고려해야 한다는 주장이 일부 있긴 하였지만 실제 사회학적 연구에서 공간적 사유는 거의 아무런 역할을 해오지 못했던 것이 사실이다.

공간에 대한 인식이 바뀌기 시작한 것은 20세기 들어서이다. 공간이 정적 환경이 아니라 다양한 실체들 간의 관계이자 사회적 상호작용의 틀을 형성하는 주요한 계기로 작용하며, 인간은 공간의 영향으로부터 자유로울 수 없다는 이론들이 나타났다. "공간은 물리적, 담론적, 상징적 그리고 제도적인 속성들을 지니며, 자신의 존재감을 때로는 당당하게, 때로는 조용히 드러내는, 인간의 삶 속에서 떼어놓을 수 없는 존재"(이기형, 2008 : 17)가 되었다. 인간은 공간을 만들고 채우며, 공간 또한 인간의 의식과 행동에 커다란 영향을 미치는 살아있는 행위자이자 역동적인 힘으로 재해석되었다. 그동안 자연과학의 점유물처럼 다루어지던 물리적 공간이 인간의 의미가 창출되는 경험의 세계로 재발견된 것이다.

2. 철학에서의 공간적 사유

원래 철학에서는 시간보다 공간적 사유가 더 일찍 발달했다. 19세기 서구 근대 철학은 데카르트의 심신 이원론에 근거하여 세계를 정신과 물질이라는 서로 상반된 두 개의 원리를 가지고 존재하는 것으로 인식했다. "물질은 공간에 있고 정신은 공간 밖에"(베르그송, 2001)있다는 말에서 알 수 있듯이 물질과 정신의 가장 근본적 차이는 공간에서 비롯되는 것이기 때문에, 공간은 근대 철학의 시초부터 관심사였다.

그러나 공간에 대한 관심이 오래 가지는 못했다. 시간을 철학의 중심에 두려는 시도들이 공간을 배척하고 폄하하였다. 대표적으로 베르그송(H. Bergson, 1859~1941)과 같은 철학자는 공간 표상을 통해 사물을 인식하는 지성의 뿌리 깊은 습관을 비판했다. 그는 생명의 본질은 창조와 변화이며, 실재하는 것은 지속하는 운동 그 자체로서 이를 가능하게 하는 동력은 공간이 아니라 시간이라고 주장했다. 그는 공간적 사유에 대해 "전혀 공간을 차지하지 않는 현상들을 공간 위에 병치시키려는 고집스런 태도" 또는 "굴절된", "기계론적" 사유라고 비판하였다. 그에 의하면 우리가 의식하는 사물은 양으로 환원할 수 없는 "지속"과 "운동"이 본질적 속성을 갖는다. 그런데 공간은 기껏해야 점, 위치밖에는 얻지 못하므로 지속과 운동을 나타내지 못한다. 공간은 실체 대신 감정들의 생기와 색채를 잃은 죽은 그림자만 있을 뿐이다(베르그송, 2001 : 169).

시간을 철학의 중심에 두려는 베르그송의 강력한 시도에도 불구하고 20세기는 공간 철학이 본격화되는 시대가 되었다. 고대 철학에서 추상적이면서 자연과학적이었던 공간 개념이 근대 철학에 들어와 경험의 개념으로 전환되면서 공간에 대한 철학적 인식이 급격히 부상하기 시작한 것이다. 가스통 바슐라르(Gaston Bachelard), 마르틴 하이데거(Martin Heidegger), 미셸 푸코(Michel Foucault)와 같은 철학의 거장들은 그동안 공간은 잘못 인식되어 왔고, 시간과 비교해 공간에 대한 관심이 절대적으로 소홀했음을 주장했다. 공간을 죽은 운동의 궤적에 불과한 것이라고 본 베르그송은 당연히 이들로부터 많은 비판을 받았다. 푸코는 1976년 「에로도트(Herodote)」 창간호 인터뷰에서 "베르그송과 함께였던가 아니면 그 이전부터였나? 공간은 죽은, 얼어붙은, 변화가 없는 부동의 것이었다. 반대로 시간은 풍요롭고, 살아있고 변화하는 것이었다"(류지석, 2010 : 37 재인용)라면서 베르그송으로부터 공간 폄하가 시작되었음을 비꼬았다.

가스통 바슐라르(1884~1962)는 베르그송이 주장한 시간의 연속성을 부정하고, 공간의 인간적 가치를 규명하려 한 프랑스의 대표적인 사상가이다. 그의 주된 테마는 시와 회화 속에 출현하는 '공간'이다. 그의 공간은 넓게는 우주론적 차원에서부터 우리의 집, 좁게는 새집과 조개껍데기, 고동에까지 이른다.

1957년에 출간한 그의 저서 『공간의 시학』은 문학적 상상력으로, 그의 말을 빌리면 몽상으로 집의 내밀한 이미지를 그려낸 책이다. 이 책에서 집은 "세계 안의 우리들의 구석"으로 규정된다. 그는 인간의 삶은 시간보다는 공간에 의해 규정된다고 주장하면서, "우리들은 때로 시간 속에서 스스로를 알아본다고 생각하지만, 기실 그것은 우리들의 존재가 안정되게 자리 잡는 공간들 가운데서 일련의 정착점들을 알아보는 것에 지나지 않는다"라고 하였다. 그에 따르면, 공간은 실체적이다. 그런데 그 공간은 여러 상상된 가치들이 덧붙여진 것이기 때문에, 우리의 삶과 무관한 기하학자들의 측정에만 내맡겨진 공간이 아니다. "우리들이 집 안에 있는 것과 마찬가지로 집 또한 우리들 안에 있다"고 하면서 바슐라르는 집이라는 공간이 우리들 의식 속에 내재화된, 상상화된 이미지에 주목했다. 바슐라르에게 있어 공간은 객관적인 물적 공간이 아니라 이미지화된 공간, 인간적 가치의 공간이었다.

시간 철학자인 베르그송이 기억을 시간의 흐름으로 설명하려 했던 것과 달리 바슐라르는 공간 체험을 강조하기 위해 기억보다는 추억이라는 단어를 사용하였다. 추억은 시간이 아닌 공간 속에 뿌리내리고 머무르는 것이므로, 개인의 내밀한 역사와 추억은 공간 속에서의 위치를 통해 찾아져야 한다고 주장했다(바슐라르, 2003). 그가 생각하기에 공간은 벌집 같으며, 벌집의 많은 구멍들 속에 시간이 압축되어 있는 것이다. 현실에서 또는 과거에 경험된 모든 추억은 시간 속에 자리매김된 것이 아니라 공간 속에 저장되어 있고, 그 추억을 생생하게 기억나게 하는 것은 공간이다.

> (…) 기억을 생생하게 하는 것은 시간이 아니기 때문이다. (…) 우리들의 오랜 머무름에 의해 구체화된, 지속의 아름다운 화석들을 발견하는 것은, 공간에 의해서, 공간 가운데서인 것이다. 무의식은 머무르고 있는 법이다. 추억은 잘 공간화되어 있으면 그만큼 더 단단히 뿌리박아, 변함없이 있게 되는 것이다. 추억을 시간 가운데 위치시킴은 전기 작가의 관심사일 뿐이며, 말하자면 외적인 역사, ——외적인 용도를 위한, 다른 사람들에게 알리기 위한 역사밖에는 관계되지 않는 일이다. (…) 내밀성을 알기 위해서는 날짜를 밝히는 것보다 우리들의 내밀성의 공간들 가운데서 위치를 찾아내는 것이 더 긴급한 일인 것이다.
>
> 가스통 바슐라르. 2003, p. 84.

개인의 가치가 이미지화된 공간 개념을 이끌어 낸 바슐라르와 동시대를 산 인물로서 공간을 존재론적으로 접근한 철학자가 있다. 그는 바로 독일의 하이데거(1889~1976)로서, 그는 공간을 시간과 별개로 중요하게 고려한 지적 경향의 선구자 중 한

명이다. 하이데거는 형이상학적 철학이 공간을 다루어 왔던 방식과는 전혀 새로운 방식으로 "공간(Raum)"을 중요한 철학 문제로 부각시켰다.

하이데거 철학을 전기, 후기로 구분지어 볼 때, 공간적 사유는 후기 철학에 해당한다. 『존재와 시간』(1927)으로 대표되는 전기는 주로 시간성의 지평에서 존재의 의미를 다루었다. 반면, 그의 후기 철학은 「건축, 거주, 사유」(1951), 「예술과 공간」(1969) 등의 논문 제목을 통해 알 수 있듯이, 인간의 실존적 삶이 그 자체로 공간과 깊은 관련을 맺는다는 "존재론적 공간"을 전개했다. 초기 저작에서는 진정한 시간중심주의자라고 할 수 있었던 그가 현대의 기술 문화가 도달할 운명을 깊이 고찰할 때에는 시간이 아닌 공간이 중요하다고 단언하기에 이른다(케이시, 2016). '장소'는 하이데거 철학의 핵심인 '존재의 진리'가 구현되는 현장이었다. 그는 시간을 더 이상 공간의 우위에 두지 않고 시간과 공간을 동-근원적인 것, 즉 시-공간으로 파악하고, 인간은 본질적으로 거주하는 존재임을 천명하였다.

하이데거에게 있어 공간은 이미 주어져 있는 객체를 뜻하지 않는다. 창출된다는 의미의 "공간화"가 더 적절한 표현이었다. "공간화", 다시 말해 거주를 위해 치워지거나 비워져서 마련된 자리에 공간이 창출된다. 사물과 따로 존재하거나 사물에 앞서서 미리 존재하는 어떤 것이 아니라, 사물에 의해 장소가 창출되고 장소들에 의해 공간의 본질이 마련된다는 의미이다. "인간의 거주를 통해 공간은 비로소 열린다"는 하이데거의 말은 이를 가장 압축적으로 잘 전달하는데, 현존재(Dasein)의 본질은 "거주-공간"이며 인간은 본질적으로 거주하는 존재이다(강학순, 2007).

'거주(dwelling)'는 하이데거 철학의 중심 개념으로, "땅과 하늘, 신과 인간을 사물들이라는 하나로 묶어낼 만큼 넉넉한 자족의 힘"을 의미한다. 달리 말하면 "인류와 사물들 사이의 영적 통합을 이루어 내는 힘"(하비, 1995 : 44)이 바로 거주이다. 거주 능력이 상실될 때 우리 삶은 뿌리가 뽑혀 나가고 모든 영적 충만감을 잃어버리게 된다. 하이데거가 강조한 공간은 데카르트가 제안한 물체적인 연장으로서의 비어있는 공간도 아니며, 자연과학적으로 관측되고 수학적으로 계산되는 물리적 공간도 아니며, 현존재(Dasein)가 사물과 관계를 맺고 의미 생성의 행위가 실현되는 실존적 공간이다.

공간화된 사유를 지향해 온 20세기의 또 다른 대표적인 철학자로 푸코(1926~1984)를 빼놓을 수 없다. 도승연(2011)은 시간을 중심으로 하는 근대성 논의에 강한 문제제기를 하며 공간화된 사유를 지향해 온 탈근대적 논의의 중심에 푸코가 있다고 하였다. 푸코가 공간에 대해 강박관념처럼 집요한 관심을 갖게 된 데는 공간이 권력의 작동방식을 이해하는 데 우월한 위치에 있다고 보았기 때문이다. 다양한 권력의 통치술을 통해 주체가 어떻게 구성되고 형성되는지를 보여주고자 했던 그는 권력의 배치와 작동은 시간보다 공간에서 더욱 가시화되므로 시간 중심이 아닌 공간 중심적 사고가 요구됨을 주장하였다. 이러한 생각이 집약된 것이 그의 대표적인 저서 『감시와 처벌 : 감옥의 역사』(1975)이다. 이 책에서 그는 '판옵티콘(Panopticon)'이라는 감옥을 통해 공간과 주체와의 관계를 권력의 형성과 작동의 관점에서 설명하였는데, 감옥뿐만 아니라 학교, 병원, 수도원 등에서 공간 구분을 명확히 하고 공간 배치를 적절히 잘 하는 것만으로도 권력은 그것을 행사하는 사람과 관계없이 자동적으로 효과를 발휘한다는 것을 보여주었다(푸코, 2003).

푸코가 보기에 공간은 배경에만 머무르지 않는 것으로, 공간의 배치, 즉 공간의 분포와 용도는 인간에게 특정한 방식으로 영향을 미치는 것이었다. 그는 1967년 3월 14일 건축연구회 강연에서 역사와 진보를 대표하는 시간의 시대에서 네트워크로서 경험하는 공간의 시대로 넘어갈 것임을 예측했다.

> 19세기를 사로잡았던 것은 역사라는 거대한 강박관념이었다. 발전과 정체, 위기와 순환, 과거의 축적, 죽음의 엄청난 과잉, 세계를 위협하는 기온 저하 등과 같은 주제들. (…) 현 시대는 아마도 공간의 시대일 것이다. 우리는 동시성의 시대, 병렬의 시대, 가까운 것과 먼 것의 시대, 인접성의 시대, 분산의 시대에 살고 있다. 내가 보기에 우리는 세계를 시간의 흐름에 따라 발전하는 거대한 생명체로서보다는, 여러 지점을 연결하고 그 실타래를 교차시키는 네트워크로서 경험하는 시기에 있다.
>
> 미셸 푸코. 2014, p. 41.

푸코는 19세기를 지배한 시간 담론이 발전과 진보라는 역사의 생명체로서 접근되었다면, 20세기의 공간 담론은 동시성에 기반 한 네트워크로서 경험된다는 것이다. 그에게 있어 공간은 순백의 중립적인 텅 빈 물리적 공간이 아니며, 환원될 수도, 중첩될 수도 없는 다양한 모든 관계들의 총체를 의미하는 것이었다(푸코, 2014).

> 우리가 살고 있는 공간이 균질적이고 텅 비어 있는 것이 아니라, 반대로 온갖 다양한 성질로 가득 차 있다. (…) 달리 말하면, 우리는 그 내부에 개인과 사물이 자리 잡을 수 있는 일종의 비어 있는 곳에 살고 있는 것이 아니다. 우리는 희미하고 다채로운 빛들로 채색될 수 있는 어떤 공백의 내부에서 살고 있는 것이 아니다. 우리는 서로 환원될 수 없으며 절대로 중첩될 수 없는 배치들을 규정하는 관계들의 총체 속에서 살고 있다.
>
> 미셸 푸코. 2014, pp. 45–46.

젊은 시절부터 푸코는 '공동체 문제'에 관심이 있었으며, 공동체가 공간의 문제와 연관이 있다는 것을 직접적으로 언급한 적이 있다. "공간은 모든 공동체적 삶에 근본적인 것이며, 모든 권력 행사에도 근본적인 것이다." 푸코에게는 공간과 공동체의 삶이 밀접하게 연관되어 있으며, 권력, 지식, 담론을 주축으로 하는 그의 연구를 가로지르는 중요한 축이 공간과 공동체의 문제였다(연효숙, 2022 : 122).

따라서 "공간의 문제야말로 모든 분석의 열쇠"이지만, 공간이 그동안 사유의 범주로서 고려되지 못한 이유는 공간이 "죽은 것, 경직된 것"으로 간주되고 그 상대적인 "모든 종류의 시간적 분석에 일정한 특권적 지위가 부여되고" 있었기 때문이었다(신문수, 2007, 허 경, 2011 재인용).

푸코에게 있어 공간은 물리적 터전이 아니며, 또 바슐라르처럼 내밀한 심리적 이미지 공간이 아니었다. 그는 "바슐라르의 공간 탐구가 '안의 공간(espace du dedans)'과 관련된 것이라면 자신은 그를 토대로 '바깥의 공간(espace du dehors)'"에 관해 말하고자 하였음을 직접 언급하기도 하였다(푸코, 2014 : 45). 그에게 있어 공간이란 다양한 권력 관계들이 상호교차하고 중첩되면서 생산, 강화되고 있는 사회적이며 관계적인 공간이었다.

푸코는 공간 체계를 일상 공간, 유토피아(utopia) 공간, 헤테로토피아(hétérotopia) 공간, 3가지로 분류하였다. 일상 공간은 지금 우리가 살고 있는 현실 공간으로 각자가 일상을 영위해 가는 생활 세계이다. 유토피아 공간은 비(非)현실 공간으로 실제의 좌표를 갖지 않는 공간이며, 사회의 구성원들이 꿈꾸는 공간, 즉 상상력의 공간이다. 헤테로토피아 공간이란 유토피아와 대비되는 반(反)공간들로, 현실에 존재하는 장소임과 동시에 모든 장소들의 외부에 존재하는 공간을 의미한다.

특히 그가 고안한 "헤테로토피아(hétérotopia)"는 '다른'을 뜻하는 헤테로(hétéros)와 '장소'를 뜻하는 토포스(topos)를 합친 신조어로 '다른(異質) 공간'을 뜻한다. 유토피아(Utopia)가 상상 속에만 존재할 뿐 현실에 없는 이상적 공간을 뜻한다면, 헤테로토피아는 현실 속에 존재하는 구체적이고 실재하는 장소이지만 그 공간이 가진 원래의 용도나 의미가 아닌, 다른 일반적인 공간에 대하여 '이의제기'를 행하는 이질적 공간이다.

푸코는 유토피아는 '모든 장소 바깥에 있는 장소'를, 헤테로토피아는 모든 장소들과 절대적으로 다른 '반(反)공간(contre-espaces)'적 장소로서 설명했다. 푸코는 '유토피아'와 '헤테로토피아'의 경계 혹은 차이를 '위안과 불안'으로 설명한다. 유토피아는 '경이', '좋음', '정리', '질서' 등 위안의 가치와 결부된 공상의 장소이고, 헤테로토피아는 '전복', '방해', '무효', '혼란' 등 불안의 가치와 결부된 현실의 장소로서, 현실 공간의 부조리함에 저항하고 기존의 규범과 질서를 전복시키는 공간이다(엄경희, 2019 : 409).

> 여담을 하나 하자면, 나는 1966년에 일단의 건축가로부터 강연 요청을 받아 공간에 대한 연구를 한 적이 있었다. 나는 거기서 당시 내가 '헤테로토피아'라고 부르던 것, 즉 주어진 사회 공간에서 발견되지만 다른 공간들과는 그 기능이 상이하거나 심지어 정반대인 독특한 공간들을 다루었다. 건축가들은 내가 발표한 내용을 두고 토론을 벌였는데 마무리 즈음 누군가-사르트르주의 심리학자-가 발언권을 얻고는 역사화 변전(becoming)은 혁명적인 반면, 공간은 반동적이며 자본주의적이라고 나를 맹렬히 공격했다. 그 당시에는 이 어처

구니없는 담론이 전혀 이상하게 여겨지지 않았다. 오늘날에는 이런 말을 들으면 누구든 포복절도할 테지만, 그때는 아니었다.

미셸 푸코. 2014, pp. 121－122.

헤테로토피아가 사회의 기존 질서를 전복시키는 일종의 '일탈적 공간' 혹은 현실에 대한 저항적 성격을 갖는 공간을 뜻하는 것임에도 불구하고, 아이러니하게도 푸코의 공간은 그의 의도와는 달리 당시 혁명적 세력들로부터도 현실고수적 개념으로 비난받는 등 충분한 이해를 받지 못했다. 1967년 3월 강연에서 한 청중이 푸코의 공간 연구가 반동적이고 자본주의적이라고 맹공격한 사건은 푸코의 공간은 물론, 공간 자체에 대한 이해가 부족했던 당시의 분위기를 잘 전해준다.

3. 사회이론에서의 공간적 선회

공간에 대한 사유가 철학자를 중심으로 1960년대 후반부터 나타나기 시작했으나 그 기간은 오래 가지 못하였다. 공간은 다시 침묵 속으로 끌려 들어갔으며, 그 후로 20여 년간 공간에 대한 논의는 진척되지 못하였다.

그러다가 1990년대 지구화, 세계화, 포스트모더니즘의 출현은 공간에 대한 관심을 본격화하고 공간이론의 발전을 이끌어 내었다. 세계화는 국경의 붕괴를 가져왔고 이는 사회관계와 사회적 교류의 공간적인 재조직을 초래했다. 포스트모더니즘은 보편적인 거대 서사를 거부하고 이질성과 구체성, 차이성, 그리고 지역의 구체적 양상들을 중요시하는 주의(~이즘)로, 이는 공간의 중요성을 크게 부각시키는 계기를 제공했다(이-푸 투안, 2007).

지구화와 지역화에 대한 논의가 활발해지면서 사회학에서는 1900년대 초반 게오르그 짐멜에 의해 시작된 도시사회학, 공간사회학이 재조명되기 시작했다. 독일의 사회학자로서 대도시문화 연구로 공간사회학의 개척자라 불리는 게오르그 짐멜(Georg Simmel, 1858~1918)은 사회학 초창기부터 공간의 중요성을 주장하였다. 그는 공간을 정적 배경으로 바라보던 기존의 방식을 거부하고 공간과 사회 조직이 어떻게 연관되는지를 연구함으로써 공간의 형성적 특성을 제시하려 하였다. 공간의 특성이 어떻게 사회적 상호작용에 영향을 미치고, 사회조직의 성격을 구성하는지를 다양한 사례를 통해 보여주었다. 짐멜의 생존 당시에는 그의 사상이 큰 주목을 받지 못했지만 1970년대 이후에는 짐멜의 르네상스라 할 정도로 그에 대한 관심이 세계적인 차원에서 고조되었다(박성환, 1999, 서우석 2005 : 447 재인용). 공간 개념, 도시문화, 도시역사, 사회적 거리 등 공간에 대한 사회인문학적 관심도 높아졌다.

도시지리학자인 에드워드 소자(E. Soja)는 사회학 이론 분야에서의 이러한 변화를 '공간적 선회(spatial turn)'로 명명했다(정성훈, 2010 : 243). 소자가 명명한 '공간적 선회'는 두 가지 측면으로 해석되는데, 첫째는 자연과학적 공간 개념이 인문사회적 영역에 광범위하게 개방되는 경향을 뜻했다. 공간적 선회가 서구의 인문사회과학계의 새로운 패러다임이라 주장될 정도로, 1980년대 이후로 문학, 예술, 역사, 건축, 국제정치, 경제 등 인문사회과학 제반에 걸쳐 공간 연구가 확산되었다. 공간에 대한 학제적 접근이 본격화되면서 그동안 물리학적 혹은 수학적 공간 담론의 독점이 약화되었다. 둘째는 철학과 사회 이론 전반을 지배하던 시간성의 패러다임으로부터의 탈피를 의미했다. 시간을 공간보다 우월한 것으로 둔 설정 자체를 잘못된 것으로 보고, 시간성의 특권으로부터 공간을 해방시키는 것에 관련된다. 죽어 있던 공간에 생명을 불어넣는 것을 의미한다(신승원, 2017 : 146).

『제3의 길』로 잘 알려진 영국의 앤서니 기든스(Anthony Giddens, 1938~)는 사회학자들 중에서도 가장 집중적으로 공간 개념을 다루어 온 학자이다. 그는 오래전부터 지리학에서의 "시공간 수렴", "시공간 압축" 개념을 원용해 "시공간의 원격화(time-space distanciation)"라는 개념을 제안하였다(남기범, 2005 : 465). 이 개념은 사회체계가 시공간상에 전개되고 확장되는 양상을 의미한다. 그에 의하면, 시간과 공간상에서의 경험이 지역적으로 제한되었던 전통사회와는 달리 현대는 시간과 공간이 분리되어 경험되며, 무한대로 확장되는 특징이 있다. 따라서 시간과 마찬가지로 공간은 더 이상 간과할 수 없는 주제가 되었으며, 현상을 이해하기 위해서는 그것이 언제, 어디서 발생하는지와 관련된 맥락을 고려하는 것이 필요하다고 보았다. 시간과 공간의 변화가 사회 구조와 개인행동에 어떻게 영향을 미치는지를 연구한 그는 사회학계에서 그동안 소홀히 취급되었던 공간을 시간과 동일한 반열에 올려놓은 것으로 평가된다.

이후 1998년 사회학자 마틴 앨브로(Martin Albrow)는 사회학에서 공간의 위상을 끌어올리는 데서 나아가, 향후 지구화에 대한 담론이 시간에서 공간 주제로의 이동을 가져올 것임을 예견했다. "근대는 인간 경험 속에서 시간의 지대한 의미를 강조했다. (…) 시간이 우리에게 그렇게 중요할 수 있겠지만 우리가 구체적으로 현실을 경험하는 방식은 공간에 결부되어 있기도 하다. 지구화의 도전은 지구화가 공간의 문제를 다시 논의에 부치는 데 있다. (…) 지구화에 대한 담론은 (…) 시간문제가 공간 문제로 대체되는 것을 다루고 있다"(슈뢰르, 2010 : 191 재인용).

이상에서 살펴본 대로 1960년대에 철학에서 본격적으로 시작된 공간적 사유는 1990년대 후반 들어 사회과학 전반으로 재부상하였다. 계몽주의가 인류의 진보와 발전을 논의하는 동안에는 관심 밖에 있었던 공간이 인간의 삶에 미치는 영향으로 이해되게 된 것이다. 공간을 소거시킨 상태에서 우리의 삶을 완전히 이해하는 것은 불가능하다. 현대의 사회생활이 전 지구적으로 보편화되는 동시에 지역화되는 현상은 역설적으로 공간의 중요성을 강조하는 결과를 낳고 있다. 사회학자 어리(Urry, 1985)의 말을 빌리면 "현대 자본주의 사회에서는 시간보다도 공간이 더 중요한 차원"이 되고 있는 것이다(남기범, 2005 : 469).

제2장
공간의 장소화

끝없는 공간의 유혹에도 불구하고, 서구 근대의 문화적, 철학적 지하 세계에 매장되어 있던 장소가 탈주하기 시작했다.

– 에드워드 케이시

1. 탈근대 : 공간에서 장소로

1) 포스트모더니즘 : 근대성의 극복

포스트모던(postmodern) 시대는 모더니즘(modernism)의 계승이냐 모더니즘의 극복이냐에 따라 "후기 모던" 또는 "탈모던"이라 해석된다. 모던(modern)이 서양의 근대를 지칭하는 용어라면, 모더니즘은 근대를 특징짓는 정신 내지는 철학을 가리킨다.

모더니즘의 긍정성을 계승한다는 의미에서는 "후기 모던"1)이라 하고, 모더니즘의 부정성에 초점을 두고 그것을 극복하고 벗어난다는 의미에서는 "탈모던"이라고 한다. 일반적으로 우리가 포스트모더니즘을 탈근대라고 할 때, 탈근대는 근대성(modernity)의 극복 내지 근대성의 넘어섬을 의미한다고 할 수 있다. 따라서 탈모던을 이해하기 위해서는 먼저 근대성 자체에 대한 이해가 필요하다.

근대성은 근대를 총체적으로 특징짓는 정신으로 표현될 수 있다. 근대는 이성주의, 진보적 역사관, 인간중심주의가 핵심적 특징이다. 이 세상에는 객관적 실재가 있고, 객관적 실재를 그대로 나타내는 진리를 우리가 인식할 수 있는 이성적 능력이 있고, 객관적 진리의 축적을 통해 인류의 역사는 계속 진보한다는 것이 근대를 특징짓는 시대정신이다. 근대 철학의 시초인 데카르트의 합리론은 인간에게는 신이 부여해 준 생득관념, 즉 명석하게 생각하는 능력인 이성이 있어 이를 통해 진리에 접근할 수 있다고 본다. "나는 생각한다 고로 나는 존재한다"는 그의

1) 후기 모던과 탈모던 구분 방식이 이와 꼭 일치하는 것은 아니다. 일례로 앤서니 기든스는 현대 사회를 "후기 모던 사회(late modernity)"라고 정의 내렸는데, 그가 사용한 후기 모던이라는 용어는 근대성의 계승을 뜻하는 것이 아니었다. 근대를 극복하고자 하나 아직 근대가 완전히 극복되지 않은 상태라는 뜻에서 "후기 모던" 개념을 사용했다. 그가 보기에 현대는 전통은 사라졌지만 근대적 제도와 문화가 새로운 방식으로 조직화되어 있지도 않고, 기존의 근대성과도 완전히 단절되지 않은 상태에 머물고 있는 것이다(남기범, 2005 : 464).

명제는 사유가 인간 존재를 규정짓는 핵심적인 요소로서, 사유 능력은 곧 이성을 의미했다. 이성은 오랫동안 인간을 결속시켰던 신적 권위의 상실을 가져왔고 반대로 신에 종속되어 있었던 인간, 즉 사유하는 주체에게 최상의 권위를 부여하였다(정미라, 2013).

세계와 자연이 지식을 통해 모두 파악될 수 있음을 나타내는 "아는 것이 힘이다"라는 영국 철학자 베이컨의 명제는 이성에 대한 절대적인 신뢰를 보여주는 것이었다. 특히 그로티우스(Hugo Grotius)가 "2×2=4라는 것은 신도 못 말린다"고 선언한 이후로 인간의 이성적 능력은 절대적 지위를 갖게 되었다(김석수, 2008). 신의 위치에서 신을 내리고 인간을 대체시킨 것이다. 근대성은 헤겔 철학에 이르러 그 절정에 달하며, 이성은 자연을 지배하고 역사를 진보시킬 수 있는 보편적이고 절대적인 주체로서 파악되었다.

이성적 능력은 과학과 기술을 발전시켜 인간을 역사적 진보의 주체로 자리매김하게 하였다. 자연은 근원적으로 주체와 분리되어 있는 순수한 객체들의 영역으로서, 자연은 그것 자체로는 가치나 의미가 없고 인간에게 유용성을 갖는 한에서만 의미를 가진다고 본 근대 철학은 자연에 대한 인간지배적인 사상이다. 이성의 능력과 역사적 진보에 대한 자신감으로 더 이상 자연은 두려움의 대상이 아니라 인간에 의해 통제될 수 있는 대상이 되었다.

포스트모더니즘은 바로 이러한 근대성을 규정짓는 이성, 주체, 진보라는 시대정신에 대한 비판에서 시작한다. 1980년대 중반부터 매우 빠른 속도로 사회 전반에 확산된 포스트모더니즘은 당시 서구 사회의 주도적인 사상적 경향에 대항하였다. 탈근대를 지향하는 포스트모던은 전체와 결별하고 다원성을 택했으며, 합리성, 이성, 체계적 지식을 거부하였다. 근대가 이성을 통해 신으로부터 인간을 해방시켜 세계의 주체로 확립시켰다면, 포스트모던은 신으로부터 해방된 이성이 오히려 보편성이라는 명분으로 개별성과 차별성을 억압해 왔다고 보고 이성의 속박으로부터 인간을 해방시키고자 하였다. 진리의 개념은 보편타당성보다는 콘텍스트(context)와 관련되어 있고 문화 특수적이어서 진리에 대한 어떤 집단의 독점화는 있을 수 없으며, 상대주의, 불확실성, 우연성은 더 이상 주변적이거나 극복되어야 할 문제가 아니라 중심적 현상으로 이해되기 시작하였다(Parton & Marshal, 1998).

지역적 수준의 이해는 고정관념을 줄이고 직접적인 이해를 촉진시키므로, 보편적인 거대담론은 자연히 지양되고, 특정 지역의 경험을 대표하는 더 작은 지역적 담론이 추구되었다. 근대의 이성적, 합리적 사고방식과 체계적 지식을 거부하는 데서 시작된 포스트모더니즘은 동질성 대신에 차이를, 이성 대신에 감성을, 합리적 논리 대신에 직관과 상상력을, 객관성 대신에 주관성을, 절대성 대신에 상대성과 다원성을 중요시하는 것을 공통분모로 하는 하나의 패러다임으로서 "문화적인 것과 지성적인 것을 포함한 모든 변형을 상징"한다(정화열, 1999).

2) 근대적 "공간"에서 탈근대적 "장소"로

1970년대 중반부터 빠른 속도로 인문학 및 사회과학 전반에 확산되기 시작한 포스트모더니즘은 공간적 사유에 커다란 영향을 끼쳤다. 보편적인 거대 서사를 거부하고 이질성과 차이를 강조하는 포스트모던 시대의 출현과 더불어 지역의 구체적인 양상들이 더욱 중요해졌다. 이러한 경향은 보편성으로 대표되는 공간 개념이 더 이상 적절하지 않게 되었음을 의미한다.

근대의 공간 개념은 데카르트의 이원론에 그 근거를 두고 있다. 데카르트는 세상에는 두 종류의 존재, 물질과 정신이 있으며, 정신에는 사유가, 물체에는 연장(延長)이라는 본질적 속성이 있다고 보았다. 물체의 주요 본질인 연장은 어떤 물체가 길이, 넓이, 부피의 형태로서 외연을 갖는다는 것으로, 물체가 외연을 갖는다는 것은 공간을 차지한다는 것을 의미한다. 물체는 어떤 공간을 배타적으로 점유하기 때문에 다른 물체를 배제하며, 이를 위해 경계를 필요로 한다. 따라서 공간은 경계선이 있는 어떤 대상의 틀이나 매트릭스로서, 대상과 경계가 없다면 그 공간은 비어 있는 것이다(이-푸 투안, 2011).

데카르트 이후 세상은 사유하는 실체와 연장을 가진 실체로 존재한다. 정신과 자연이 분리됨에 따라 자연은 의미성을 제거당한 채 객관적인 실체로 존재하게 되었다. 자연과 마찬가지로 공간 역시 위치, 거리, 속도, 운동하는 물체의 궤적으로 다루어지는 것이기에 객관적이고 보편적 법칙을 확립하고자 하는 실증주의 철학에 적합한 것으로 이해되었다. 사유가 전혀 개입될 여지가 없는 공간은 자연을 측량하고 수학화하여 자연을 통제, 지배하고자 했던 근대 이성의 주요 도구였다. 이와 관련하여 팀 크레스웰(Tim Creswell)은 공간과 과학 법칙의 발달 구도가 실현되기 위해서는 공간은 사람을 포함한 모든 물질로부터 독립적이어야 했으며, 주관과 주체가 개입될 여지가 없는 공간이 됨으로써 공간 수학을 발전시킬 수 있었다고 하였다(크레스웰, 2016).

근대의 공간은 인간의 의식이 개입될 여지가 전혀 없는 객관적 실체였으나, 포스트모던 시대에 이르러서는 공간은 인간의 의식과 필연적 상관관계에 있는 것으로 인식된다. 일상생활의 의미에 초점을 두는 포스트모던은 인간의 삶에서 의미가 제거된 수학적이고 기하학적인 데카르트식 공간 개념을 거부하였다. 의미가 개입되지 않는 객관적 실체로서의 공간 개념은 더 이상 적절하지 않으며, 그 대신 개인의 경험과 의미를 포함하는 "장소"가 이를 대체하였다.

그동안 공간이 장소보다 학문 세계에서 더 우위를 점하였던 것은 근대성의 특징인 보편주의가 작동한 결과이다. 보편성은 장소 개념보다는 공간 개념과 더 잘 맞는다. 엘러스테어 보네트(A. Bonnett, 2015)는 장소에 대한 관심이 낮았던 이유는 대부분의 학자들이 자신의 이론이 어느 곳에서나 적용 가능한 보편적인 이론이 되기를 원하기 때문으로, 추상적인 지리학상의 공간 개념이 대두되면서 장소 개념이 학문적으로 추방되는 과정이 더욱 빨라졌다고 보았다.

보편성이 최고선으로 강조되는 시대에는 공간을 장소보다 더 높게 생각하는 습성이 있다. 『장소의 운명』의 저자인 에드워드 케이시(Edward S. Casey)는 시공간이 지배적인 담론을 형성했던 시기에 장소는 공간의 다른 이름 정도로 폄하되거나 심지어는 퇴행적인 것으로 받아들여졌다고 보았다.

> 서양에서 지난 3세기—근대의 기간—동안 장소는 부정되었을 뿐만 아니라 적극적으로 억압되었다. 같은 시기 자연과학과 사회과학이 승리를 거둔 탓에 장소에 관한 진지한 언급은 모두 퇴행적이거나 사소한 것으로 여겨졌다. 시간과 공간에만 초점을 맞추는 하나의 담론이 등장했다. 20세기 물리학자에 의해 시간과 공간이 하나의 합성물인 '시공간'으로 결합되었을 때, 장소에 대한 외면은 다른 수단들을 통해 지속되었을 뿐이다. 한 시대 전체를 통틀어 장소는 근대를 지배했던 두 거대한 우주적 동반자인 시간과 공간의 보잘것없는 의붓형제쯤으로 간주되었다.
>
> 제프 말파스. 2014, pp. 40–41 재인용.

“모든 존재하는 것은 장소 안에 있는 것이다”는 케이시의 언급처럼 존재는 공간이 아닌 장소와 관련이 있다. 포스터모던 시대는 그동안 외면되어 온 장소를 다시 역사의 현장에 재등장시켰다. 보편성으로부터 특수성으로 이동하려는 포스트모던의 노력은 공간에서 장소에 대한 관심으로 나아갔으며, 장소가 인간 존재의 정체성을 가능케 하는 조건임을 보여주었다.

3) 현상학적 장소론

장소에 대한 담론은 철학, 건축학, 지리학, 사회학, 인류학 등 많은 학문 분야에서 오랫동안 이루어져 왔고, 특히 지난 반세기 동안 몇몇 중대한 논쟁의 과정을 겪었다. 이 중에서 장소를 가장 직접적으로 연구하는 학문 분야는 당연 지리학이다. 1970년대 지리학계에서는 보편적인 공간법칙과 일반원리를 추구하는 실증주의적 지리학이 퇴조하고 구조주의와 인간행위자에 초점을 두는 인본주의적 지리학이 등장하였다.

인본주의 지리학은 장소를 단순한 객관적 구조가 아니라 다양한 사회적 의미들이 얽혀 있는 사회적 경험으로 간주하며 장소가 능동적으로 사회적 정체성을 구성하는 것으로 보았다. “다른 사회과학이 시간으로 구체화된 일반이론들을 다루고 있을 때, 지리학자들은 장소의 구체성들과 씨름”하고 있었다(하비,

1995).[2] 포스트모더니즘에 영향을 받은 인본주의 지리학자들은 물체로만 이루어진 공간, 그리고 채워지기를 기다리는 여백의 공간 개념을 버리고, 사람이 거주하고, 과거를 추억하고, 의미를 부여하는 장소 개념에 집중하였다.

인본주의 지리학의 대표적인 학자는 이-푸 투안(Yi-Fu Tuan, 1930~2022)과 에드워드 렐프(Edward Relph, 1944~)이다. 그들의 철학적, 사상적 기반은 현상학에 그 뿌리를 두고 있다. 훗설, 하이데거, 사르트르, 메를로-퐁티로 이어지는 현상학은 실체주의와 대립되는 철학 사상으로, 존재하는 모든 것은 인간 의식과 필연적 상관관계에 있으며 의식을 벗어난 순수 초월적 존재는 이 세상에 존재하지 않음을 주장하는 사상이다. 인간의 의식을 포함하여 이 세상의 모든 것이 사물화되던 실증주의 시대에 반론을 제기한 현상학적 철학은 세상과 사물을 의미관계로 보고자 하였다.

이-푸 투안(1977)은 1960~1970년대 논리실증주의에 기초한 공간과학으로서의 지리학이 주류였던 상황에서 지리학을 인간과 환경 간의 관계에 대한 연구로 재규정하였다. 그의 지리학은 "인간의 경험"에 대한 것으로, 환경과 인간의 감정이 어떻게 연

---

2) 하비(1995)는 장소를 포스트모더니티의 발견물로 보는 데는 반대의 입장을 취한다. 그는 장소는 자본주의의 지리적 불균등 발전과 늘 함께한 것이었으며 늘 중요한 것이었으므로, 모더니즘과 포스트모더니즘을 나누는 구분은 장소의 근본적 의미와 사안들을 밝히기보다 오히려 감추는 것으로 생각했다.

관되는지에 초점이 맞춰져 있다. 사람과 장소의 정서적 유대에 초점을 둔 그는 장소 개념을 통해 인본주의 지리학적 연구 방법론을 제시했다. "모든 동물에게 있어 생물학적 필요조건이 되는 공간은 인간에게는 심리적 욕구이자 사회적 특권이며 심지어 영적인 특성"(이-푸 투안, 2020 : 38)을 갖는 것으로, 그는 공간이 경험의 의미를 획득하여 장소로 변모해 가는 방식을 구체적인 사례를 들어 보여주었다. 예를 들어, 공간적 용어인 '거리'는 물리적 접근성의 정도를 나타내는 것이지만 사람들 간의 관계를 나타내는 관심의 정도와도 밀접하게 연관된다. "공간이 우리에게 완전히 익숙해졌다고 느껴질 때 그곳은 장소가 된다"(이-푸 투안, 2020 : 219)는 투안의 주장은 그의 책 『공간과 장소』에서 실증적 지리학의 대상인 공간이 인본주의 지리학에 와서는 장소로 변모되어 가는 과정을 잘 설명해 주고 있다.

캐나다의 지리학자인 에드워드 렐프는 "자신 연구의 철학적 기초가 현상학"에 있음을 명시하고 있을 정도로 사회학, 인류학, 심리학 등 다른 학문 분야에 비해 현상학적 방법에 대한 논의가 빈약한 지리학에 현상학적 기초를 정립하기 위한 본격적인 시도를 한 학자이다. 그는 에릭 다델(Eric Dardel, 1952)의 이론을 끌어들여 지리학은 빈 공간, 위치, 지형, 지역과 같은 지리적 실재를 다루는 것이 아니라 사람들이 직접 경험하고 기억하는 장소에 대한 학문이어야 함을 주장했다.

> 지리학을 주로 사물로 이루어진 지리적 실재에 대한, 그리고 채워지기를 기다리는 빈칸에 불과한 지리적 공간에 대한 지식을 다루는 학문으로 이해해서는 안 된다. 지리적 실재란 무엇보다도 누군가가 존재하는 장소이고 사람들이 기억하는 장소나 경관으로 인식되어야 한다. 위치나 지역, 지형 같은 형식적 개념은 그 뒤에 나오는 것이다. 이 사실로부터 지리적 공간은, 단일하거나 동질적이지 않고 제각기 이름이 있으며, 근본적이거나, 편안하거나 혹은 위협적일 수도 있는 어떤 것으로 직접 경험되는 것이라는 점이 도출된다.
>
> 에드워드 렐프. 2005, p. 32.

렐프는 『장소와 장소상실(Place and Placelessness)』(1976)에서, 장소의 개념과 특성, 장소 정체성과 그 구성 요소, 장소경험의 특성 등을 기존의 지리학적 관점과는 다른 방식으로 이론화하였다. 기존의 지리학은 '어디에 무엇이 있는가'를 각 지역의 특성에 따라 기술적으로 연구하거나 사물과 공간을 완전히 분리시키고 공간 그 자체의 현상에 관한 법칙성을 연구하는 등, 장소를 객관적이고 독립적으로 실재하는 어떤 것으로 접근했다면, 1970년대 이후 등장한 인본주의 지리학은 장소란 그 장소를 경험하는 사람과의 관계를 고려하지 않고서는 존재할 수 없음을 강조했다.

2. 공간과 장소의 의미

포스트모던 이후 공간은 장소와 대립적인 개념으로 인식되어 왔으며, 공간 개념은 장소 개념으로 대체되어 왔다. 일상생활에서는 거의 상호교환적으로 사용되지만, 학문적으로는 상이한 개념을 의미하는 것으로 구분하여 사용한다. 공간에서 장소로의 전환이 의미하는 바를 이해하기 위해서는 공간과 장소의 개념 차이를 먼저 구체적으로 살펴볼 필요가 있다.

공간과 장소에 대한 일반적인 인식은 공간이 추상적이고 포괄적인 데 반해 장소는 실존적이고 구체적인 경험공간을 의미한다는 것이다. 이러한 차이는 각 용어의 어원을 통해서 보다 쉽게 이해될 수 있다.

먼저, 공간을 나타내는 용어는 영어로 스페이스(space) 또는 룸(room)이 있다. 스페이스로 표현될 때 공간은 열려 있어 광활함(spaciousness)이라는 의미와 밀접하게 관련된다(이-푸 투안, 2007). 스페이스는 충분히 넓다는 것뿐만 아니라 자유롭게 활동할 수 있다는 의미를 가진다. 이러한 의미에서 광활함, 자유로움이 공간과 서로 연결된 개념임을 알 수 있다. 그런데 광활함은 다른 한편으로 위협과 연결된다. "취약한(bad)"이라는 단어의 어근이 "열린(open)"과 관련되기 때문에, 열려 있음은 노출되어 있고, 공간은 따라서 취약한 상황을 나타낸다고 볼 수 있다(이-푸 투안, 2007). 이렇듯, 공간은 자유, 미래, 개방성이라는 긍정적인 의미와 취약, 위협 등의 부정적인 의미가 복합적으로 얽혀있는 개념이다. 또한 스페이스는 기하학적으로는 면적과 부피를 갖는 균질의 공간을 의미하며, 이는 추상성과 객관성을 담지한다.

다른 한편으로, 공간은 독일어로 라움(raum)이다. 이 말은 "자리를 만들어내다, 비워 자유로운 공간을 만들다, 치우다, 떠나다" 등의 의미를 갖는 동사 로이멘(räumen)에 기원을 두고 있다. 라움으로서의 공간은 인간의 활동이 개입되기도 전에 이미 비어 있는 땅이나 평원 등을 의미하는 것이 아니라 비우고, 치우는 등의 인간 활동을 통해서 비로소 공간으로 생겨나는 것임을 알 수 있다(슈뢰르, 2010 : 30). 광활한 열린 공간이라는 의미에서는 자유를, 균질적 특성을 갖는 기하학적 공간은 추상적, 객관적 특성을, 라움으로서의 공간은 치워지고 옮겨진다는 동적인 의미와 함께 사회적 맥락과 관련되는 것임을 알 수 있다.

다음으로 장소는 영어식 표기가 플레이스(place)이다. 우리말의 '곳'에 해당될 수 있는 이 용어는 특정한 공간, 경험되고 의미부여된 구체적인 현장을 뜻한다. 이와 관련하여 인문지리학자인 이-푸 투안(Yi-Fu Tuan)은 장소를 "의미를 가진 공간"으로 정의했는데, 이러한 그의 정의는 장소에 대한 가장 간단하고 공통된 정의라 할 수 있다. 정치지리학자인 존 애그뉴(John Agnew)는 "의미 있는 곳"은 세 가지 기본적 특징이 있음을 제안한 바 있다. 즉 위치, 현장, 장소감이라는 세 가지 특성을 갖는데, 이를 풀어보면 다음과 같다. 첫째, 모든 장소는 위치를 갖는다. 이때 위치는 지표면상에 고정된 객관적 좌표로서의 의미이다. 둘째, 장소는 사람들이 살아가는 실질적인 현장이다. 현장은 어떤 구체적인 형태를 띠는 물질적인 측면을 의미한다. 마지막으로 장소는 장소감을 갖는다. 장소감이란 사람들이 특정 장소에 대해 가지는 주관적이고 감정적인 애착을 의미한다(Agnew, 1987, 크레스웰, 2016 재인용). 이러한 애그뉴의 정의에 의하면, 장소는 사건의 단순한 배경이 아니라 사회적 경험의 일부이다. 이-푸 투안이 말했듯이, 광활한 공간이 친밀하고 익숙해지기 시작할 때 그때 비로소 공간은 장소가 된다. 아무런 의미가 없는 광활한 공간을 더 잘 알게 되고 개인의 경험이 누적되어 공간이 익숙해짐으로써 개인에게 중요한 의미를 갖기 시작할 때, 공간은 장소로 전환되는 것이다. 이는 공간에 개인의 경험이 들어가고, 경험에 의해 그 공간이 더욱 구체적인 의미를 가지기 시작한다면, 그때는 더 이상 공간이 아니라 장소라 명명해야 함을 뜻한다(이-푸 투안, 2007).

이-푸 투안은 공간과 장소의 개념을 구분하고 대비시키지만, 이 두 개념은 모두 인간의 경험에 중요한 의미를 갖는 것으로 보았다. 즉, 근대와 탈근대의 관점에서 공간은 추상적이고 인간의 삶과 관계가 없는 것이며, 장소는 구체적 경험과 의미를 담는 곳이라는 구분을 전제하지 않는다. 오히려 그는 공간과 장소는 인간이 세상을 살아가는 데 필요한 기본 요소로서 두 개념은 서로를 필요로 하는 것으로 보았다.

그는 『공간과 장소』(1977)에서 공간이 자유라면 장소는 안전을, 공간이 움직임이라면 장소는 정지를, 즉 서로 상이한 방향을 가리키고 있지만, 인간은 장소에 머무르면서도 항상 공간을 갈망하는 양면성을 갖는다고 제안했다. 자유와 안전은 어느 하나를 선택할 것인가의 문제가 아니라 우선순위의 문제이다. 무엇이 우선되느냐는 상황에 따라 그리고 개인의 경험에 따라 달라질 수 있지만 공간과 장소 둘 중 하나가 폐기되어야 하는 것은 아니라는 것이다. 인간의 본성에는 두 가지의 속성을 모두 추구하는 측면이 있기 때문이다.

> "공간"과 "장소"는 공통의 경험을 나타내는 친숙한 단어다. (…) 장소는 안전을 의미하며 공간은 자유를 의미한다. 즉 우리는 장소에 고착되어 있으면서 공간을 열망한다. (…) "공간"은 "장소"보다 추상적이다. 무차별적인 공간에서 출발하여 우리가 공간을 더 잘 알게 되고 공간에 가치를 부여하게 됨에 따라 공간은 장소가 된다. (…) 우리는 장소의 안전, 안정과 구분되는 공간의 개방성, 자유, 위협을 알고 있으며 그 역 또한 알고 있다. 나아가 우리가 공간을 움직임이 일어나는 곳이라 생각한다면 장소는 정지(멈춤)이다. 움직임 속에서 정지할 때마다 입지는 장소로 변할 수 있다.
>
> 이-푸 투안. 2007, pp. 15-19.

앞서 단어의 어원을 통해 살펴보았듯이 공간은 자유, 개방성, 움직임, 위협을 뜻하는 것이었으나, 장소, 즉 플레이스(place)는 정지, 안전, 안정을 의미한다. 투안은 장소가 본질적으로 정적인 개념인 이유를 "만약 우리가 세계를 항상 변화하는 과정으로 본다면, 우리는 어떠한 장소감(sense of place)도 발전시킬 수 없을 것"(이-푸 투안, 2007 : 287)이기 때문으로 설명했다. 장소감을 경험하기 위해서는 일단 멈추어야 한다. 정지함이 있을 때 비로소 장소는 인간이 느끼는 가치의 중심이 된다. 따라서 보편적이고 일반적이며 객관적인 의미로 사용되는 공간과 달리, 장소는 구체적이고 특수하며 주관적인 의미를 갖는다. 투안은 이러한 차이에도 불구하고 궁극적으로 공간과 장소는 대립적인 것이라기보다 공통의 경험을 나타내는 단어들로서, 공간과 장소의 개념을 정의하려면 서로를 필요로 하는 상보적인 것이라 보았다(이-푸 투안, 2007).

> 인간은 공간과 장소를 필요로 한다. 인간의 삶은 보금자리와 모험, 애착과 자유 사이의 변증법적인 운동이다. 개방공간에서는 장소를 강렬하게 인식하게 된다. 그리고 안전한 장소에 고립되어 있으면 그 너머에 있는 광대한 공간은 동경의 대상이 된다. 건강한 존재는 구속과 자유, 장소의 제한과 공간의 노출을 기꺼이 받아들인다.
>
> 이-푸 투안. 2007, p. 94.

근대는 공간을 인간이 생활하는 사회적, 실천적, 구체적 터전이 아니라 사회와 사물과 괴리된 기하학적, 선험적, 추상적 공간으로 인식해 왔으나(최병두, 2002), 포스트모던 시대는 투안의 공간과 장소에 대한 구분 방식을 대체로 수용하고 있다. 즉, 추상적이고 물리적인 공간이 문화적이고 지역적인 것을 기반으로 나타나는 맥락적 의미를 담게 됨으로써 장소가 되는 것이다. 따라서 인간과 사회와의 관계를 연구하는 오늘날의 사회과학에서는 공간 연구는 곧 장소 연구를 의미하며, 장소와 인간의 상호작용 관계에 대한 연구라 할 수 있다.

제3장
장소 정체성과 장소 위기

인간과 장소는 하나의 커다란 살덩어리를 이루며 살아간다.

- 메를로 퐁티

1. 장소 정체성

하이데거가 인간의 고유한 실존방식으로서의 '거주'가 인간이 어떤 장소에 뿌리내리고 그곳에 체류하면서 세계와 관계를 맺으며 존재함을 의미한 이래, 사람들이 장소에 대해 갖는 정서적 연대감이 지난 반세기 동안 학문적 연구의 대상이 되어 왔다. 에드워드 렐프(2005)는 사람들은 먼저 특정한 장소를 통해서 세계를 경험한다고 하면서, 사람들과 그들이 살아가고 경험하는 장소 간에는 깊은 심리학적 연계가 있다고 보았다. 그에 따르면 사람들은 자신들이 살아가는 장소에 깊은 애착을 느끼며, 그런 깊은 애착은 사람들과의 밀접한 사회적 관계만큼이나 중요하다고 생각한다.

제프 말파스(2014)는 장소와 인간의 관계는 인간다운 삶을 가능하게 하는 근본 구조라고 생각할 만한 충분한 이유가 있다고 하면서, 특히 자아정체성과 장소와의 관계는 나이가 들수록 우리 삶의 더 넓은 서사를 구성하는 능력으로 작동된다고 보았다. 장소가 인간에게 얼마나 중요한 의미인지는 미국의 작가 애니 딜라드(Annie Dillard)의 말 속에서 찾을 수 있다. "마지막으로 죄다 머릿속에서 지워져버렸을 때 인간에게 남는 것은 땅의 기억이다"(김광현, 2018 : 35 재인용)라고 할 정도로 인간에게 장소는 가장 소중하고 가장 마지막까지 남는 것이다. 이렇듯, 오늘날 인간의 정체성은 장소와 일정한 관계가 있으며, 삶이 장소와 결합된다는 생각은 많은 학자들에 의해 지지되고 있다.

1970년대 후반 에드워드 렐프와 이-푸 투안은 인간의 정체성을 이야기할 때 장소를 소거시킨 채 이야기하는 것은 불가능하며, 장소가 인간 정체성을 구성하는 데 상당한 부분을 담당함을 주장하였다. 장소 정체성은 인간 정체성을 구성하는 본질적인 것이 장소임을 나타내는 용어로서, 개인이 그 장소에서 자기를 확인하고 그 장소를 통해 자기를 규정할 수 있다는 것을 의미한다. 장소가 인간의 기본적 욕구를 충족시키는 데 도움이 되기 때문에 장소에 애착을 갖게 되고, 깊은 정서적 연대감을 갖는 장소는 자기의 의미, 자기 이미지를 강화시켜 긍정적인 자기 개념, 즉 자기 정체성을 강화시키게 된다는 것이다.

"무의식은 머무르고 있는 법이며, 추억은 잘 공간화되어" 있으므로 정신분석에 장소분석이 추가되어야 함을 주장한 가스통 바슐라르는 『공간의 시학』(1958)에서 행복한 공간의 이미지, 사랑받는 공간의 이미지들을 검토하는 자신의 연구가 장소애(topophilia)라는 명칭을 가질 만한 연구로 평가될 것이라 생각했다(2003 : 69). 이후 여러 학자들에 의해 인간과 장소와의 정서적 연대감은 장소 정체성(place identity), 본향(homeland), 뿌리내림(rootedness), 장소 애착(place attachmet), 장소애(topophilia) 등의 용어로써 다양하게 표현되어 오고 있다(Smith & Cartlidge, 2011 : 540).

인간 본성 중의 하나가 장소에 대한 강한 정서적 연대감을 발달시키는 것이라는 생각은 이-푸 투안으로부터 발달되었다. 그는 1974년 『토포필리아』라는 책을 발표하였는데, 토포필리아는 그리스어의 장소를 의미하는 토포스(topos)와 애착, 사랑을 의미하는 필리아(philia)를 합성하여 만든 용어로, 영어로 "love of place"를 뜻하는 것이다. 그는 장소의 미학적 질에 주로 초점을 두고 정서에 장소를 결합한 토포필리아라는 용어를 사용하여 "물질적 자연환경에 묶인 정서적 감정"(이-푸 투안, 2011)을 설명하였다. 토포필리아는 어떤 장소를 대면하거나 경험하는 그 즉시 발생하는 정서라기보다는 시간의 순차적 흐름에 따라 그 장소의 특별한 의미와 가치를 인식하게 되는 과정에서 점진적으로 발생, 축적되는 정서를 말한다(신재은, 2006). 이-푸 투안은 이후 발표한 『공간과 장소』(1977)에서 장소감에 미치는 시간의 영향에 대해 한 장(chapter)을 할애하면서까지 상세한 설명을 제공하였다. 장소감은 시간과 밀접한 연관성을 갖는데, 장소를 아는 것, 장소에 대한 애착은 순간적으로 얻어지는 것이라기보다 오랜 기간 우리 몸에 새겨지고 기록됨으로써 획득되는 것으로 이는 분명 시간을 요하는 것이다.

> 장소에 대한 "느낌"을 획득하는 데에는 더욱 오랜 시간이 소요된다. 그것은 매일 매일 그리고 여러 해에 걸쳐 반복되는, 주로 순간적이고 극적이지 않은 경험들로 구성된다. 그것은 시각, 청각, 후각의 고유한 혼합물이며, 일출/일몰 시간, 노동/놀이 시간과 같은 자연적·인공적 리듬의 독특한 조화이다. 장소감은 사람의 근육과 뼈에 기록된다.
>
> 이-푸 투안. 2007, p. 293.

"장소는 성인에게 수년에 걸쳐 점진적으로 정서를 증가시킴으로써 깊은 의미를 획득"하며 "조상으로부터 물려받은 모든 가구, 또는 벽에 묻은 얼룩도 이야기를 간직하고 있다"(이-푸 투안, 2007 : 60). 그에게 있어 장소감은 오랜 시간에 걸쳐 사람들이 특정 장소에 대해 갖는 좋은 기억들을 통해 인간과 장소가 서로 만들어 가는 정서적 연대감을 의미하는 것이었다. 이와 같은 맥락에서 제프 말파스(2014)는 자아 정체성과 장소와의 관계는 우리가 나이를 먹을수록, 자전적 기억에 접근하는 일이 잦을수록 우리 삶의 더 넓은 서사를 구성하는 능력이 된다고 주장했다.

이-푸 투안에 이어 에드워드 렐프 또한 개인의 정체감은 대부분 장소에 대해 가지는 연대감과 상호작용에서 나옴을 주장하였다. 그는 장소와 장소를 경험하는 주체인 사람과의 상호작용을 통해 만들어지는 장소의 고유한 특성을 '장소 정체성'이라고 개념화하면서, 모든 장소는 사람마다 고유한 장소 정체성을 가지며, 지리학은 바로 장소 정체성을 연구하는 학문이라고 제안하였다(렐프, 2005 : 40).

"인간답다는 것은 의미 있는 장소로 가득한 세상에서 산다는 것이다. 인간답다는 말은 곧 자신의 장소를 가지고 있으며 그 장소를 가장 잘 알고 있다는 뜻이다"(렐프, 2005 : 25). 팀 크레스웰(Tim Cresswell)은 탐험가에게 바다는 비어있는 공간이지만 카누를 젓는 원주민에게는 특별한 영과 특별한 위험이 공존하는 장소의 집합이라 보았다. 식민주의자인 백인의 눈에는 원주민이 카누를 타고 다니는 모습이 논리가 없어 보이는 복잡한 노선을 택한 것처럼 보이나, 카누를 젓는 원주민에게는 그들의 움직임이 완벽하게 이해되는 것이었다(2016 : 13). 그 장소를 가장 잘 안다는 것은 삶의 의미를 유지시켜 주며, 세상의 권세를 이길 수 있는 내면의 힘이 된다. 이는 우리나라 구비 설화 「손돌목」에서도 찾아질 수 있다. 이 설화는 많은 사람들에게 알려져 있지는 않으나, 바다를 장소로 살아가는 사람과 바다를 공간으로 바라보는 사람의 차이를 극명하게 보여준다. 그 둘 사이에는 죽음과 삶을 가를 만큼의 큰 차이가 존재한다. 손돌의 이야기는 다음과 같다.

해마다 음력 10월 20일이 되면 심한 바람과 추위가 닥쳐오니 이 추위를 손돌추위라고 부른다. 고려 23대 고종이 몽고군의 침공으로 인하여 송도에서 강화도로 파천하게 되어 배를 몰아가는데 강화도의 광진성을 거쳐 현초지표로 향할 무렵, 해협이 협소하고 급류가 선회하여 앞길이 막히자 왕이 크게 진노하여 뱃사공 손돌에게 주의를 환기시켰던바, 손돌은 아뢰기를 "이곳은 바다의 자연 암초가 선회하여 앞목이 막힌 뱃길이오니 절대로 염려를 마시옵소서"라고 전언하였으나, 왕은 국난 중 파천하는 때라 초조한 심정에서 손돌이 무슨 흉계를 품은 것이라 착각하고 손돌의 목을 베라 명함에, 손돌은 "뱃길 앞에 바가지를 띄우고 그 바가지가 떠나가는 대로 따라가면 자연 뱃길이 트일 것이옵니다"라는 마지막 충언을 남기고 형을 받았다 하며, 왕은 그 바가지를 따라 진로를 택하여 무사히 난을 피했다고 한다. 고종은 그 험한 뱃길을 피한 후에야 충성스런 손돌을 참수한 잘못을 후회하시고 그 혼을 위로하기 위하여 현 대곶면 신안리 신포리 덕포 하류 손돌목상봉에 묘지를 만들고 사당을 건립하여 제사를 지냈다고 한다. 그로부터 이 좁은 물길을 손돌목이라 부르게 되었고, 그 기일이 되면 매년 강풍과 혹한이 닥쳐오니 이는 필시 원통한 죽음을 당한 손돌의 넋이 바람을 일으킨다 하여 '손돌의 추위'라고 전해오고 있다.

이영수. 1995, 최영호. 1998, pp. 35－37 재인용.

손돌이라는 뱃사공은 평생을 바다 위에서 일을 했다. 바다에 생명줄을 걸어놓고 바다가 주는 지혜와 양식으로 자신의 삶을 영위해 나가는 손돌에게 바다는 자신과 한 몸처럼 움직인다. 뱃사공은 바닷길에 익숙하고 눈에 훤하다. 풍랑이 칠 때 바다가 알려주는 길을 따라 배를 저어간다. 한편 임금인 고종에게 바다는 두려움의 공간일 뿐이었다. 그러나 손돌의 충언으로 간신히 살아난 고종이 아무것도 보이지 않던 바다에 '손돌목'이라는 이름을 붙이는 순간 임금인 고종에게도 바다는 손돌이라는 사공의 충심을 추억하는 의미 있는 장소로 전환된다. 특정 장소에 대한 좋은 기억들은 장소에 대한 정서적 연대감을 강화시키고, 나아가 그 장소와 관련된 사회적 규범과 문화적 전통을 발달시킬 수 있다.

인간은 장소와 자신을 동일시하며, 장소는 인간의 정체성을 구축한다. 과거 우리 사회에서는 지금은 일련번호, 지리적 주소로 표기되고 있지만 자기 집에 이름을 붙이는, 소위 문패를 대문에 다는 것이 일반적이었다. 그것은 그 집에 누가 살고 있다고 알리고, 그 장소에 자기 소속감을 부여하는 것이다. 숫자 집합을 이름으로 바꾸는 것은 우리가 '장소'에 접근하기 시작함을 의미하는 것으로, 그 공간에 애착을 갖게 되면 어떤 사람에게는 텅빈 공간이 어떤 이들에게는 의미 있는 장소가 되는 것이다(크레스웰, 2016).

렐프에 의하면, 장소 정체성은 물리적 환경으로서의 장소, 거기에서 일어나는 인간 활동, 그리고 기억되고 부여되는 의미라는 이 세 가지 요소의 변증법적인 결합을 통해 형성된다. 즉, 장소 정체성은 장소를 구성하는 다양한 요소에서의 인간 활동,

그리고 각각의 요소에 대해 인간이 부여하는 의도와 의미가 복합적으로 결합된 것이다. 여기서 렐프가 말하는 물리적 환경은 인간에게 독특한 경험을 제공해 주는 자연환경 및 건축물이나 인간이 창조한 환경 등으로 구성되며, 인간 활동은 창조적이거나 파괴적이거나 수동적인 것으로, 혹은 공공적이거나 개인적인 것으로 구별될 수 있다. 의미는 사람들이 물리적 환경과 활동에 대해 갖는 의미, 경험, 의도, 의의 등을 뜻한다. 물리적 환경이나 인간 활동과 달리 의미는 쉽게 포착이 어려운 요소이나 장소 정체성의 핵심 열쇠라 할 수 있다. 장소에 거주한다는 것은 단순히 그곳에 신체적으로만 머무는 것이 아니기 때문이다 (렐프, 2005).

장소 정체성은 장소애, 즉 장소에 대한 깊은 배려와 관심에서 비롯된다. 장소에 애착을 가지고 장소와 깊은 유대감을 갖는다는 것은 인간의 중요한 욕구이며 정체성의 기반이다. 인간은 자유를 원하면서도 동시에 어딘가에 뿌리내리고 싶어 한다. 뿌리내림은 정신적인 안전과 안정을 추구하는 것이다.

> 한 장소에 뿌리를 내린다는 것은 세상을 내다보는 안전지대를 가지는 것이며, 사물의 질서 속에서 자신의 입장을 확고하게 파악하는 것이며, 그리고 특정한 어딘가에 의미 있는 정신적이고 심리적 애착을 가지는 것이다.
>
> 에드워드 렐프. 2005, p. 95.

2. 장소의 속성

장소 정체성의 핵심주제인 장소란 무엇인가? 장소가 의미 공간이라면, 장소의 기본적 속성은 무엇인가? 렐프는 장소의 속성으로서 위치(location), 경관(landscape), 시간(time), 공동체(community) 등을 제시했으며, 이들 속성과 이들 속성에 부여되는 인간의 의미가 장소 정체성을 발생시킨다고 보았다. 정치지리학자인 존 애그뉴(John Agnew, 1987)는 장소의 기본적 특징으로 위치(location), 현장(locale), 장소감(sense of place) 세 가지를 제시했다.

장소의 개념을 무엇으로 잡든, 분명한 것은 모든 장소가 위치를 가진다는 점이다. 위치는 지표상의 특정한 지점을 의미하며 좌표로써 나타낼 수 있다. 보통 위치는 '어디'라는 단순한 개념으로 표현된다. 물리적으로 고정되어 있는 시간과 공간 축상의 좌표 점으로서의 '어디'라는 의미에서의 위치는 누구에게나 공통적으로 인식될 수 있다는 점에서 객관적이다. 그러나 위치가 동일하다 할지라도 그곳에서 생활하는 사람들에게 있어 위치는 동일하게 인식되지 않는다는 점에서 위치는 또한 상대적이다. "집시의 야영지가 비록 지리적으로는 인디언 야영지가 있었던 곳에 자리를 잡았다 할지라도 인디언의 야영지와 집시의 야영지는 다른 장소인 것이다"는 수잔 랑거의 언급에서 알 수 있듯이 지도학적 의미에서의 위치는 단지 장소의 부수적인 특성에 지나지 않는다(렐프, 2005).

장소는 점으로서의 위치로 표현되기도 하지만 거의 항상 어떤 구체적인 형태를 띤다. 장소는 물리적이고 시각적인 형태를 갖는데, 렐프는 이를 경관(landscape)으로, 애그뉴는 현장(locale)으로 표현했다. 애그뉴(1987)는 '로케일'을 사회적 관계들이 일어나고 이를 일어나게 해주는 물질적 배경을 의미하는 것으로 보았다. 추상화된 의미에서의 사회적 관계가 아니라 실제로 일어나는 사회적 관계들은 다양한 개인, 주체들의 구체적인 행위를 통해 만들어지는데, 그러한 행위들은 도시, 건물, 정원, 길, 방 등으로 구성된 구체적인 환경, 즉 현장에서 이루어진다(박배균, 2012 : 44). 렐프의 경관은 자연적이건 인공적이건 바라다 보이는 배경의 의미를 가지며, 조망하는 것과 관련된다. 경관은 대체로 가시적인 속성을 갖는 시각적인 개념이다. 특정 장소를 언급할 때 대부분의 사람들은 건물, 담, 조각상, 나지막한 언덕, 푸르른 숲, 돌담길 등 경관의 시각적 특성을 함께 제시한다. 경관의 구성은 자연, 지형, 주택 등 물질적 조합에 지나지 않지만, 경관의 포착은 이러한 물리적 특성에 의미를 부여하는 문화적 태도와 개인적인 의도의 결합에 의해 이루어진다. 장소는 경관으로 이해되고 경험된다는 것은 경관의 자연적, 인공적 특성이 그것을 경험하는 사람들이 부여하는 의미와 의도로부터 도출된다는 것을 뜻한다(김덕현, 2008 : 13).

장소 개념에서 빼놓을 수 없는 또 하나의 속성은 시간으로, 엄밀히 말하면 지속성이다. 시간이 왜 중요하냐면 오랜 시간의 흐름을 통해 장소에 대한 연대감과 애착을 강화시키기 때문이다. 장소와 일정한 관련을 맺고 인간의 활동과 의미가 축적되기 위해서는 해당 장소가 지속성을 지니고 있어야 한다. 장소 그 자체는 과거의 경험과 사건의 현재적 표현이자, 미래에 대한 희망의 현재적 표현이다(렐프, 2005). 이-푸 투안 또한 "장소는 성인에게 수년에 걸쳐 점진적으로 정서를 증가시킴으로써 깊은 의미를 획득할 수 있다"고 하면서 시간의 흐름 속에서 사람들은 장소에 그들의 정서적 삶의 일부를 지출한다고 말했다. 그러나 시간은 장소경험에 영향을 주는 하나의 부수적 차원일 뿐으로, 장소의 본질이 시간의 초월성이나 연속성에 있는 것은 아니다.

장소는 그곳에 거주하는 다른 사람들과의 관계에 의해 영향을 받는다는 의미에서 장소는 공동체적 속성을 갖는다. 렐프는 이와 관련하여 "공동체와 장소 사이의 관계는 사실 매우 밀접해서 공동체가 장소의 정체성을, 장소가 공동체의 정체성을 강화시키며, 이 관계 속에서 경관은 공통된 믿음과 가치의 표출이자, 개인 상호 간의 관계맺음의 표현"(렐프, 2005 : 86)이며, 따라서 "이런 맥락에서 장소는 공적이다. 장소는 상징과 의미를 공유하면서 경험을 함께하고 관련을 맺음으로써 창조되고 알려지기 때문이다"(렐프, 2005 : 88).

이들 장소의 속성은 그 자체로 장소 정체성을 구성하지는 않는다. 위치, 경관, 시간, 공동체적 삶으로 구성된 장소 그 자체의 특성과 그것이 각 사람들에게 주는 의미 때문에 장소에 대한 깊은 유대감이 발생되는 것이다. 이러한 의미에서 존 애그뉴는 장소감을 장소의 속성 중 하나로 보았는데, 그에게 있어 장소감은 사람들이 장소에 대해 가지는 주관적이고 감정적인 애착을 의미했다. 실제 그 장소에 있지 않더라도 영화나 소설 속의 장소에서 독자나 관람자는 거기에 있는 것이 어떤 것임을 안다는 느낌을 갖는데, 그것이 바로 장소감이라는 것이다.

장소 정체성은 위치, 현장, 경관 등의 기본적 요소를 기반으로, 특정 위치에 있는 물질적 세팅 위에서 인간들의 활동과 사회적 관계(공동체)가 이루어지고, 그 과정에서 특정한 의미가 부여되고 오랜 시간을 거쳐 그러한 애착과 연대감이 축적됨으로써 형성되는 것이다.

3. 장소의 위기에서 장소를 되찾다

장소는 인간 삶의 터이자 근본적인 조건이지만, 오늘날 인간의 삶은 지역 간의 경계가 허물어지면서 장소나 지역 간의 특성이 사라져 가고 있으며, 많은 사람들은 특정 장소로부터 정서적 분리를 느끼고 있다. 위성 통신기술과 교통수단의 발달은 지구를 하나의 세계로 만들었으며, 공간적 장벽과 물리적 거리를 쉽게 극복될 수 있는 것으로 만들었다. 그러나 다른 한편으로 그동안 이질적이었던 모든 것이 '지금 그리고 동시에' 존재하게 됨에 따라 장소의 동질화, 지구의 획일화를 가져왔다. 에드가 케이시가 제안한 "장소 없는 장소(placeless place)", 에드워드 렐프의 "무장소성(placelessness)", 마크 오제의 "비-장소(non-place)", 데이비드 하비의 "시공간 압축(time-space compression)" 등의 용어는 모두 이런 현상을 나타내고자 한 것이다.

"시공간 압축"이 장소의 진정성을 훼손시키는 것으로 본 지리학자 하비는 많은 사람들이 뿌리도 없이 본향과의 연계를 잃어가며, 물리적으로는 장소에 뿌리내린 사람들조차도 근대 통신수단의 침략 때문에 뿌리 없는 무주거자 신세로 전락될 수 있음을 지적했다.

1976년 렐프는 장소가 더 이상 장소로서의 의미를 주지 못하고 표준화되거나 획일화되거나 평균화되거나 공통화되는 모습으로 바뀌는 것에 대해 언급했다. 그가 보기에 세계화·지구화가 진행되면서 모든 장소는 그 개성을 잃어버리고 겉모습뿐 아니라 그 분위기마저 동일화되어버린 나머지 어떤 장소든 그 아이덴티티가 대동소이해져 버린다. 광범위한 스케일로 이루어지고 있는 현재의 문화적이고 지리적인 획일화로 인해 장소들이 서로 비슷해 보일 뿐만 아니라 똑같이 무감동한 경험을 하도록 하여 장소의 정체성을 약화시켜 깊이 있는 장소감을 가지거나 진정한 장소성을 창출하는 것이 점점 어려워져 가고 있다(렐프, 2005). 렐프는 진정한 장소감은 그 장소에 대한 경험이 "어떠해야 하는지에 대하여 인위적인 사회적, 지적 유행에 매개되거나 왜곡되지 않고 또 판에 박은 관습을 따르지 않는" 것으로, 오늘날 많은 장소는 공통적이고 평균적인 경험만을 제공하기 쉽고, 유행을 따르는 태도와 행동을 취함으로써 진정한 존재 의미를 제공해 주지 못한다고 주장했다. 무차별적이고 획일화된, 몰개성적인 장소나 경관을 쉽게 접하며, 국적 없는 장소의 확산으로 인해 장소에 대한 진정한 연대감이 사라지고 있다(강학순, 2007).

장소가 진정성을 상실했거나 심각하게 훼손된 상태는 렐프에 의해 무장소성(placelessness)으로 표현된다. '무장소성'은 의미 있는 장소를 가지지 못하거나 또는 장소가 가진 의미를 인정하지 않는 잠재적인 태도, 양자를 모두 나타낸다. 렐프가 『장소와 장소상실』을 내놓을 당시에는 매스 커뮤니케이션의 발달, 대중문화의 발달, 이동성과 모방의 증가가 있었으며, 이로 인해 장소에는 비슷해 보이는 경관이 늘어나고, 그에 대한 인간의 평균적 정서에만 관심을 갖는 경향이 높아졌다. 렐프(2005)는 관광지와 같은 장소의 타자 지향성, 국제적 스타일의 설계와 건축 등과 같은 장소의 획일성과 표준화, 거대 고층빌딩과 같이 인간적 스케일과 질서가 결핍된 몰양식(formlessness)의 장소, 전쟁, 채굴 등으로 인한 장소 파괴, 지속적인 재개발을 겪고 있는 장소의 일시성과 불안정성을 무장소성이 표출된 대표적인 형태로 제시했다.

같은 맥락에서 프랑스 인류학자 마크 오제(Marc Augé, 1995)는 뿌리내림, 존재론적 토대를 제공해 준 장소가 스쳐 지나가는

‘비－장소(non－place)’로 거듭나고 있다고 보았다. 그가 사용한 ‘비－장소’는 관계성, 역사성, 정체성과 어떤 관련성도 갖지 않는 추상적인 의미로서의 공간과 동일한 의미를 갖는 것으로, 이동과 통행만을 위한 공간들, 예를 들어 고속도로나 공항, 전 세계적인 호텔 체인, 대중교통, 대형쇼핑몰, 멀티플렉스 영화관 등이 대표적인 ‘비－장소’이다(Augé, 1989, 정혜진, 2015 재인용). 이런 비장소에서는 익명성이나 임시성 등을 중심으로 하는 불안하고도 불투명한 정체성을 경험하게 된다. 비장소 자체가 잠시 들르는 환승공간이기에 타인과 관계를 맺기 힘든 공간이며 단절과 고립 자체가 당연시되는 공간이므로, 장소에 대한 애착이나 귀속감을 허락하는 거주의 공간이 아니다(김미현, 2019 : 192).

“무장소성”, “비장소성”은 뿌리내린 삶으로부터 뿌리 뽑힌 삶으로의 변화를 반영하며, “공간에서 장소”로 전환된 시대적 흐름을 다시 “장소에서 공간”으로 되돌려 놓고 있다. 이는 하비가 1993년 발표한 글의 제목, “공간에서 장소로 그리고 다시 공간으로(From space to place and back again)”이기도 하다. 마르셀 프루스트(1970)도 이와 유사하게 “이제 우리가 알고 있던 장소들은 우리 멋대로 지도에 표시한 작은 공간의 세계에나 속할 뿐이다”(렐프, 2005 : 292 재인용)라고 하면서 장소가 무의미해지는 세태를 개탄했다.

오늘날 무장소성의 대표적인 시설은 요양원이다. 사회가 고령화되면서 많은 환자들이 요양원이나 중환자실같이 고립되고 격리된 곳에서 치료를 받는 것이 일반적인 현상이 되고 있다. 삶에서 가장 중요했던 모든 것으로부터 단절된 채 통제되고 몰개성화된 일상적 장소에서 삶을 살고, 아니 살아내고 있다. 이때 그 시설은 장소가 아니라 무장소성의 특징을 갖는다. 장소와 진정한 관계를 맺고 살아가는 것이 어려운 시대다.

경험으로서의 장소 의미가 줄어들고 있는 이 시대에 앞으로도 장소가 지속될 수 있는가? 장소의 운명은 추상적인 공간에 자리를 내어주고 역사의 뒤안길로 사라질 것인가? 렐프, 케이시, 하비 등은 그렇지 않다고 주장한다. 그들은 모두 무장소성을 장소 정체성의 위기로 바라보지 않는다. 생각을 바꾸면 무장소성을 역이용해서 장소에의 관여를 회복시키는 것이 가능하다는 것이다. 그들은 오히려 위기를 기회로 삼을 것을 주문하며, 미래는 희망적임을 제안한다.

1970년대 중반 무장소성에 대한 우려를 표명한 렐프는 급속도로 빨라지는 기술의 발달이 무장소성을 필연으로 만들 것이기 때문에 의미 있는 장소가 사라지는 것을 마냥 한탄하고 감내해서는 안 되며, 잃어버린 순수를 되찾으려고 의식적으로 그리고 진정으로 그러한 노력을 하는 것이 중요하다고 보았다. 그는 무장소성의 비관적 특성에 매몰되지 않고 역설적으로 이를 새로운 장소의 가능성으로 풀어냈다.

그는 무장소를 장소와 대립되는 것으로 취급하거나, 장소는 좋고 무장소는 나쁘다는 식으로 접근하는 것에 대해 경계했다.

현대 사회의 특성을 고려하지 않은 채 단지 물리적 환경, 안정성과 같은 낡은 장소 이미지로 판단한다면 그것은 잘못된 결론을 이끌어 낸다는 것이다. 어떤 면에서 획일성이 주는 무장소성이 다양성을 지향하는 장소성 자체에는 맞지 않지만 이동이 고도화된 시대에는 오히려 획일성이 친숙함을 제공함으로써 현대 생활의 특징인 고도의 이동성을 견뎌낼 수 있게 할 수 있을 것으로 보았다. 즉, 어디에 가든 동일한 모양의 건물을 보게 된다면 새로운 환경을 접하는 인간의 경험에 연속성을 부여해 줌으로써 정체성 유지에 도움이 될 수 있다는 것이다. 따라서 렐프는 무장소성이 무조건 배격되어야 하는 것이 아니라 고도의 효율성과 편리성이 특징인 현대 사회의 지배적인 태도와 조화될 수 있으므로 현대 경관에서도 의미 있는 장소들이 생겨날 수 있을 것으로 전망했다(렐프, 1976 : 270-283).

하비는 이를 보다 적극적으로 이해했다. 그는 장소가 소통 불가능한 타자성의 자리가 되어가는 오늘날의 장소 정체성 위기를 위기로 규정짓는 데 저항하였다. 그 이유는 "실제 장소들의 안정성이 전반적으로 위협받을 때 장소의 의미를 두고서 일반적인 염려가 일어나게"(하비, 1995) 되는데, 장소 위기감이 오히려 현 세대에게 장소의 중요성을 더욱 고조시키고 있기 때문이다. 즉, 장소가 공간으로 변모되어 갈수록, 장소에 대한 신뢰가 파괴되어 갈수록, 대안적 장소를 건설하려는 저항적 움직임 또한 높아진다는 것이다.

이후 하비는 2000년에 발표한 『희망의 공간』에서 "대안이 없다"는 식의 냉소주의를 경계했다. 대안이 없다는 논리는 "세상을 가능한 것으로 변화시키지 못하도록 하는" 어떤 정치적 의도가 작동될 때 등장하는 논리이며, 그것은 불가피하게 전체주의나 재앙에 이르게 할 수 있다는 것이다. 그는 절망적인 현실에 안주하느니 "당신이 만들고 싶은 것을 만들어라"고 주문한다. 가상적 혹은 가시적인 공동체들을 만들려는 일각의 노력들과 유토피아적 공간을 상상하는 것, 이 모두는 미래의 대안적 공간을 창출하는 대표적인 예이다. 하비의 논리에 따른다면 오늘날의 장소는 곧 절망이 아닌 "희망의 공간(spaces of hope)"이 되는 것이다.

> (…) 냉소주의의 시각으로 볼 때, 매우 당연히 우리의 도시문제는 보잘것없는 우리 인간의 이해 내에서의 어떠한 처방으로도 대책이 없어 보인다. 우리는 이 세상에 '대안 없음'이라고 결론짓는다. 우리는 후세에서 처방을 찾거나, 또는 햄릿처럼 '우리가 모르는 다른 곳으로 날아가기보다는' 우리가 가진 그러한 도시의 질병을 순수하게 받아들이게 된다. (…) 나는 얼마나 자주 어떤 정치적 의도로 대처가 반복적으로 이러한 구절을 사용하였는지를 되돌아본다. (…) 우리의 사회적 및 물리적 세계는 만들어질 수 있고, 다시 만들어져야 한다. 그 세계가 이상하게 나간다면 또다시 만들어져야 한다.
>
> 데이비드 하비. 2001.

이들의 제안처럼 대안이 없다고 장소상실을 한탄하기보다 장소 정체성을 시대의 변화에 맞게 새롭게 구성하려는 노력들이 최근 20년 전개되어 오고 있다. 새로운 공간으로서의 '장소'에 대한 연구도 계속해서 진화하고 있다. 최근 건축 및 디자인 분야에서 대형 백화점이나 쇼핑센터, 빌딩 등에서 무장소성으로 치닫는 현대 사회에 장소성을 이어 나가기 위한 다양한 노력들이 있어 왔다. 획일적이고 거대한 스케일의 건물이나 빌딩에 작은 공간 또는 물건들을 배치함으로써 안정과 휴식을 제공하고, 혼잡 속에서 자신의 개인공간을 찾을 수 있는 방안이 다각도로 시도되었다. 무장소성이 오히려 새로운 장소감을 추구하게 한다는 렐프의 제안이 단순한 희망적 의견에 불과한 것이 아님을 보여준다. 우리나라에서 최근 3년 이내 지어진 백화점을 분석한 한 연구 결과도 이를 뒷받침하는데, 과거의 백화점들은 에드워드 렐프가 말한 무장소를 끊임없이 생산해 내는 행위와 일치했으나, 최근의 백화점들에서는 무장소적인 특징들이 사라지고 오히려 장소 정체성을 강화하는 특징들을 보이고 있었다(이준용·이원석, 2023).

공간을 다룬 독립 다큐멘터리를 분석한 이도훈(2014)에 따르면, 우리나라도 2008년 전후로 장소상실을 비판적으로 다룬 다큐멘터리들이 많았다. 장소가 천편일률적인 공간으로 재편되고, 효율성을 최상의 이익으로 앞세우는 신자유주의식 개발 논리가 인간과 장소 간의 단절을 초래하고 있지만 이러한 문제를 비판적으로 다룬 영상물의 등장은 파괴된 장소를 삶의 장소로 회복해 내고자 하는 장소 실천의 시작을 보여준다. 공간 다큐멘터리는 장소 파괴, 장소 위기를 다루는 데 머물지 않고, 궁극적으로 인간과 장소 간의 관계에 대한 근본적 질문을 제기한다. 장소의 파괴가 가져오는 공동체 와해, 장소로부터의 정서적 분리는 장소의 가치를 제고하게 하며, 나아가 장소의 새로운 출현, 다시 말해 '재장소화'(요시하라 나오키, 2010)를 이끌어 낼 수도 있을 것이다. 데이비드 브로워(David Brower)의 말을 인용하자면 "끊임없는 장소 박탈에 대항할 가장 좋은 무기는 사람들의 장소에 대한 감성을 재생시키는 것이다"(렐프, 2005 : 294 재인용). 장소의 위기는 장소에 대한 관심의 회복이자 새로운 장소의 출발이다.

제4장
사회복지실천, 진정한 환경으로의 귀환
— 자연환경과 장소를 향해 나아가다

환경위기를 다루는 것은 사회복지실천의 새로운
영역이 아니라 전문직의 뿌리로 환원하는 것이다.
- Teixeira, S. & Krings, A.

1. "장소"와 사회복지실천

오늘날 장소는 철학, 사회학, 지리학, 건축학 등 다양한 학문 분야에서 매우 중요한 연구 대상이다. 장소에 대한 환호는 이제 문학 분야로까지 확대되었다. 우리 문단에서는 장소가 문학비평의 중요한 분석 대상이 되고 있을 정도이며, 시인의 장소체험을 다루면서 참된 장소 구성과 재구성을 향한 넉넉한 상상적 도전을 시도한 『장소시학』이라는 제명의 잡지가 등장하기도 했다. 그렇다면 응용학문이라 할 수 있는 사회복지실천에서는 장소 이론과 개념이 어떻게 이해되고 적용되고 있는가?

시초부터 사회복지실천이 장소와 관련 있는 분야라는 사실은 잘 알려져 있지 않다. 근래 사회복지정책이 "에이징 인 플레이스(Aging in Place)"를 지향하고 이를 구현하기 위한 다양한 전략들을 개발하고 있어 장소라는 개념의 도입을 비교적 최근의 일로만 인식하기 쉽다. 그러나 사회복지실천은 비록 장소를 이해하는 방식에서는 현재와 극명한 차이가 있다 할지라도 일찍부터 장소와 관련해 온 역사를 가지고 있다.

1920년대 사회복지실천의 선구자였던 메리 리치몬드(Mary Richmond)는 19세기 우애방문원들의 가정방문이 주로 노동자 계층의 "집"이라는 사적 장소에서 이루어진 점에 착안하여 "물리적 환경"이라는 개념을 도출하였으며, 집의 구조나 상황에 대한 환경조사를 사례조사의 영역으로 포함시켰다. 그러나 물리적 환경으로서의 장소에 대한 관심은 오랫동안 그것을 뒷받침해 줄 이론의 부재로 사회복지사가 일하는 "세팅(setting)", 즉 기관에 대한 이해로 전락되었다.

이것이 극명하게 나타난 예가 펄만(H. H. Perlman)의 4P 모델이다. 펄만은 문제(Problem), 사람(Person), 과정(Process), 장소(Place), 이 4가지를 가지고 케이스워크를 정의 내렸다. 즉, 케이스워크는 '문제'를 가지고 있는 '사람'이 어떤 '장소'(기관)에 자기의 문제에 대한 도움을 얻기 위해 찾아오며, 전문가는 그 사람으로 하여금 자기의 문제해결기능에 관여하게 하며 나아가 문제해결에 필요한 자원을 보안해 주는 '과정'을 활용하는 것이다(장인협, 1989 : 85). 여기서 그녀는 전문가가 일하는 현장, 기관을 의미하기 위해 "장소"라는 개념을 사용했음을 알 수 있다. 이러한 의미에 비추어 볼 때 전문직의 초기 역사에서 사용된 "장소"는 현대적 의미에서 "존재의 거주"를 뜻하는 장소와는 전혀 다른 개념이었음을 알 수 있다.

1970년대 후반 자연과학에서의 생태학 이론과 일반체계이론의 발달은 그동안 사회적 환경에 의해 내밀려 있었던 "물리적 환경"과 "장소" 개념이 그 본래적 의미를 되찾는 계기를 제공했다. 사회복지 전문직의 사명은 그 시초부터 개인과 그들 환경 간의 상호작용을 향상시키는 것이었음에도, 거의 1990년대까지 물리적 환경은 무시되어 왔다. 전문직 초창기부터 "인간-환경"에 대한 이중 초점을 천명했음에도 불구하고 개입 이론과 모델들은 환경보다 개인을 강조했으며, 물리적 환경에 대한 관심은 거의 또는 전혀 없었다고 해도 과언이 아니다.

21세기는 환경에 있어 역전이 일어나고 있는 시대이다. 사회적 환경에 밀려 그 본질적 가치를 드러내지 못했던 자연환경이 서서히 중심으로 떠오르고 있다. 자연환경과 사회복지실천과의 관계에 초점을 둔 문헌들이 조금씩 증가하면서 환경주의(environmentalism)와의 연대가 모색되고 있으며, 심지어 국제적 가이드라인은 사회복지사들로 하여금 자연환경을 고려하도록 권고하고 있다(Ramsay & Boddy, 2017 : 69). 자연의 본질적 가치에 대한 인식, 인간중심이 아닌 에코중심주의로의 이동이 일어나야 한다는 주장도 나타나고 있다. 특히 기후변화로 인한 지구생태계의 위기는 사회복지실천에서도 자연재해, 환경재난 등 생태학적 위기에 대한 책임을 전문직의 책임에 포함시켜야 한다는 주장을 낳고 있다. 미국, 호주 등 서구에서는 윤리강령에 이러한 내용을 반영하였으며, 교과과정에도 이를 통합하려는 시도들이 증가하였다.

우리나라 또한 이러한 세계사적 흐름을 반영하여 한국사회복지사협회가 2023년 「사회복지사윤리강령」을 개정하면서 사회복지사들이 생태학적 사유를 해야 함을 강조했다. “사회복지사는 인간과 자연이 서로 떨어져 살 수 없음을 깨닫고, 인간과 자연환경, 생명 등 생태에 미칠 영향을 생각하며 실천해야 한다”는 조항을 새롭게 포함시킨 것이 그것이다. 그동안 자연환경을 직접적으로 언급한 경우가 없었던 점을 고려한다면 이는 매우 시사하는 바가 크다 하겠다.

자연환경이 실제로 중요한 사회복지실천의 측면임이 재인식되면서, 장소, 장소감 등을 사회복지실천에 접목시키려는 시도도 일부 나타나고 있다(Zapf, 2009; 2010). 그러나 장소기반 실천이 어떻게 작동되는지에 대한 논의가 이제 막 시작되었을 뿐 실천가들을 위한 교육과정으로는 발전되고 있지 못하다. 다음에서는 사회복지실천의 핵심 초점인 환경이 물리적 환경, 자연환경, 장소로 변화해 온 역사적 흐름을 살펴보고자 한다.

2. "환경"에 대한 인식의 변천사

1) 사회적 환경 중심의 실천

사회복지실천과 다른 서비스 전문직 간의 차별성을 이해하는 핵심에는 "환경" 개념이 놓여 있다. 사회복지실천은 초기부터 일관되게 인간의 본질을 환경과 관련하여 설명해 왔다(Mailick, 1977). '환경 속의 인간(Person-in-Environment)'은 사회복지실천의 초점과 정체성을 규정짓는 중심 개념으로 자리 잡고 있으며, 인간과 환경 간의 공유영역에서 일어나는 상호교류를 독특한 개입 영역으로 주장함으로써 다른 전문직과의 차별성을 추구해 왔다.

최초로 자선조직협회의 활동을 과학화하기 위해 노력한 메리 리치몬드(Mary Richmond)는 『사회진단』(1917)에서 상황에 대한 조사를 강조하였다. 이 책은 빈민의 사회적 상황을 정확하게 조사하고 진단해야 할 필요성을 강조한 최초의 과학적인 시도였는데, 그녀는 사회적 상황을 "개인이 어떤 식으로든 의존하고 있고 또 그에게 의존하고 있는 사람들과 지역사회 내의 사회기관을 포함"하는 것으로 규정했다. 즉, 실천가들이 관심을 갖는 사회적 상황이란 친지, 이웃 등과 같은 개인과 상호작용하는 주변의 사람들을 의미하거나 개인이 관계 맺고 있는 사회 기관들, 예를 들어 병원, 학교, 법원, 직장 등을 의미했다.

이후 리치몬드는 『케이스워크란 무엇인가?』(1922)에서 사회적 상황이라는 표현 대신 '환경'이라는 용어를 사용하면서, 환경에 대한 최초의 과학적 정의를 시도했다. 5년 전 저술에서는 사회관계망 안에 있는 사람들이나 기관 등의 의미로서 사회적 환경을 언급했었으나 1922년의 저술에서는 실천가들이 물리적 환경에도 관심을 둘 것을 제안하였다는 점이 차이점이다. 처음으로 물리적 환경이라는 개념이 실천에 도입되었으나, 독자적 범주로서가 아닌 사회적 환경의 한 부분으로 이해했다는 한계는 여전히 남아 있었다. 즉, 리치몬드는 실천가들이 물리적 환경에 대해서도 중요하게 고려해야 함을 주장하였지만 그것을 사회적 환경의 일부로 간주하여 사회적 측면만을 다루고자 한 것이다(Richmond, 1922 : 99). 리치몬드에게 전체 환경은 의미가 없고 개인에게 정신적, 정서적 영향을 미치는 사회적 환경만이 중요한 의미를 갖는 것이었다.

> 사회적 환경은 무엇을 의미하는가? 사전적 정의는 환경을 "주변 사물과 상황의 총합"으로 정의한다. 그러나 우리는 그 앞에 "사회적"이란 단어를 둘 때, (…) 환경은 단지 공간 안에 있는 환경이기를 중단하게 된다. 그것은 인간의 사상(생각)의 지평을 확대하며, 관계를 유지하는 인간의 능력 경계를 확대시키며, 그의 정서적, 정신적, 영적 삶에 현실적인 영향을 갖지 못하는 모든 것을 배제시키는 정도로 좁힌다. 물리적 환경은 빈번히 사회적 측면을 갖는다. 어느 정도로 이를 갖느냐에 따라 물리적 환경은 사회적 환경의 일부가 된다.
>
> 메리 리치몬드. 1922, pp. 98–99.

그러다가 1920년대 시대를 풍미했던 정신의학 및 정신분석 이론의 발달은 환경의 범위를 개인이 상호작용하는 사람들로 더욱 축소시키는 결과를 가져왔다. 사회적 환경은 개인이 관계하는 사회적 기관, 즉 학교나 병원 등으로부터 벗어나 개인에게 중요한 의미를 갖는 '타자들의 모임'으로 전락되었다(Weick, 1981 : 140). 이와 관련하여 재프(Zapf, 2010)는 사회복지실천 문헌에서 환경은 사회적 환경으로 전환된 환경만을 뜻했으며, 물리적 환경은 주목받지도, 인식되지도 않았는데, 이에 대한 어떤 적절한 논리나 설명도 없었다고 비판했다(Zapf, 2010 : 31).

이렇듯, 사회복지 전문직이 시초부터 '환경'이라는 개념적 틀을 가지고 있었다 할지라도, 환경의 역동적 성질에 대한 인접 학문 분야의 이론이나 지식의 부족으로 환경이 오늘날 이해되는 것처럼 전체로서의 환경이 아니라 "클라이언트에게 의미 있는 주변 사람들과 지역사회 내의 주요 사회기관" 정도를 뜻하는 사회적 환경에 제한되어 있었다. 당시 다른 학문 분야에서의 이해와 마찬가지로 물리적 환경은 인간 행동의 정적 배경에 불과했다.

2) 생태체계적 관점 : 물리적 환경과 공간 이해

사회복지실천의 초점이 "환경 속의 인간"으로 정의되어 오고는 있었지만, 환경에 관한 이론의 부재로 실천에서는 "인간"에 대한 접근이 주를 이루었다. “동시적 이중 초점”을 타 전문직과의 차별성으로 주장해 왔음에도 불구하고, 실상에서는 수십 년 동안 개인에 대한 초점과 개인에 대한 개입이 주를 이루었다.

“환경 속의 인간” 틀을 통해 실천가들이 환경과 인간의 상호작용을 언급하는 동안 현실에서의 초점은 여전히 임상적이었다는 점을 인식하기 시작하면서, 1980년대 들어 환경의 총체성을 이해하는 데 있어 자연환경을 고려할 필요성이 있음이 강조되었다. 일부 학자들은 사회복지사들로 하여금 생태학적 인식을 높이기 위해 환경 문제에 관한 정책 포럼에 참여하도록 격려했다. 대표적으로 카롤 저메인(C. Germain)과 앤 위크(A. Weick)는 사회복지실천의 이론적 지향에서 물리적 환경, 나아가 자연환경에 대한 관심의 부재에 대해 맨 먼저 의문을 제기한 사람들이다(Besthorn, 2012 : 249).

이들에 의해 소개된 생태체계적 관점은 환경에 대한 사회복지 전문직의 관심을 확대시키는 데 주요한 영향을 미쳤다. 환경학, 환경심리학, 건축학, 공간 인류학 등에서 조직화된 환경 개념은 환경의 구조와 속성에 대한 이해를 가속화시켰다. 환경은 정적인 객관적 실체가 아니라 역동적이며 변화 가능한 것으로, 개인에게 창조적 적응의 기회를 계속적으로 제공해 줄 수 있는 상호교류적 실체로 파악되었다.

당시 새롭게 등장한 생태체계이론은 사회적 환경의 범위를 넘어서 시간, 공간, 물리적 환경으로 실천가들의 관심을 확장시켰다. 사회적 환경이 이인관계, 사회적 관계망, 관료조직, 이웃, 지역사회, 전체 사회 등을 포함하는 다양한 수준의 사회체계로 조직된다면, 물리적 환경은 동물, 식물, 자연환경, 인공구조물 등으로 구성된다(Germain & Gitterman, 1980 : 137). 생태체계적 관점을 사회복지 전문직에 소개한 대표적 학자 카롤 저메인(Carol B. Germain)은 컬럼비아대학교 사회복지학 교수로서, 물리적 환경과 사회적 환경은 시간과 공간적 속성을 가지며, 시공간적 차원은 과거 사회복지실천의 역사에서 전혀 주목받지 못한 생태학적 변수임을 소개했다. 인간의 잠재력을 끌어내기 위한 방법을 찾을 때 공간과 시간의 중요성을 고려해야 함을 주장하였다.

저메인은 전문직이 물리적 환경을 인간의 삶이 연출되는 정적인 배경으로 남겨두는 것은 생태학적 관점을 왜곡시키는 것이라 경고하면서 시간적 리듬, 공간적 위치에 대한 고려를 통해 물리적 환경에 대한 이해를 확대시켜야 함을 강조했다. 저메인은 장소의 힘에 관해서도 관심을 가졌다. '장소'를 물리적 환경의 일부로 보고, 장소의 의미는 개인이나 집단의 문화적 정체감을 형성하는 데 중요한 부분이며, 건물의 디자인이나 내부 장식이 개인의 자아 이미지의 일부로 통합되어 있기 때문에 지리적 이주나 재개발 사업이 스트레스 발생의 주요 원인이 되기도 함을 보여주었다(Germain & Gitterman, 1990 : 148-149). 또한 물리적 환경의 한 구성요소로서 자연환경에 대해서도 관심을 기울일 필요가 있음을 제안하였다. 자연환경은 기술문화와의 상호작용에 의해 점차 인간에게 위협적인 존재가 되고 있으며, 과거 과소평가되고 무시되어 온 물리적 환경의 다양한 영향력을 고려해야 할 전문직의 책임을 강조하였다.

전통적 실천에서는 물리적 환경이 고정된 생활공간이었다. 다시 말해 인간의 삶이 연출되는 정적인 배경으로 간주되어 실천가의 적극적인 개입이 요구되지 않았다. 그러나 생태체계적 관점의 등장으로 물리적 환경은 단순히 배경에 머무는 것이 아니라 개인의 성장과 적응에 적극적인 영향을 미치는 것으로 이해되었다. 물리적 환경은 개인이나 집단의 문화적 정체감을 형성하는 데 중요한 부분이며, 건물의 디자인이나 내부 장식이 개인의 자아 이미지 일부로 통합된다는 것이 인식되었다.

저메인과 그의 동료들이 사회복지실천에서 공간적 차원을 환경 개념에 통합시킨 이래 사람들마다 공간을 경험하는 방식이 다르며, 공간은 개인이나 집단의 문화적 정체감을 형성하는 데 중요한 부분이라는 사실이 인식되었다. 특히 그들은 공간적 차원을 환경 개념에 최초로 통합시킨 사람으로, '공간'이 어떻게 인간 행동에 영향을 미치는지를 보여주고자 하였다. 저메인은 『숨겨진 차원 : 공간의 인류학』(1966)의 저자이자 공간행동학의 창시자인 에드워드 홀(Edward T. Hall)의 공간 형태와 공간 행동 개념을 통해 개인과 환경 간의 상호작용을 이해하는 데 진일보된 지식을 사회복지실천가들에게 제공하였을 뿐만 아니라 물리적 공간이 인간 행동에 미치는 강한 영향력을 인식케 하였다.

에드워드 홀에 의하면 공간은 고정 공간, 반고정 공간, 비공식 공간이라는 세 가지 형태로 구분된다. 고정 공간은 건물과 같이 배치나 순서를 이동시킬 수 없는 공간을 말하는데, 물질적인 것뿐만 아니라 감추어지고 내면화된 구도를 모두 포함하는 개념이다. 반고정 공간은 가구나 움직일 수 있는 물건의 배치에 의해 형성된 가변적 공간을 의미하며, 칸막이 대기실이나 노천카페의 테이블 같은 것이 반고정 공간의 예이다. 마지막으로, 비공식 공간은 주위의 물리적 공간을 마치 자신의 일부로 취급하는 공간으로, 다른 사람들과 유지하는 물리적 거리의 측정을 통해 파악될 수 있다. 이 공간은 타인과의 만남에서 유지되는 거리로서 개인적으로는 가장 의미 있는 중요한 것이다. 이로 인해 비공식 공간은 개인 공간이라고도 언급된다(홀, 2002).

저메인은 이러한 공간 유형의 분류에 이어 인간의 공간 행동에 주목하였는데, 공간 행동이란 개인이 타인과 유지하는 개인 거리, 특정 장소를 자기의 것이라 주장하는 영토성(territory), 프라이버시를 보장받으려는 행동, 혼잡(crowding)에 대한 태도 등을 언급하는 것으로, 각각의 개념은 사회복지실천을 보다 풍부하게 하고 전문가와 클라이언트의 세계와 경험을 보다 완전하게 이해하고 인식할 수 있도록 돕는다고 강조했다. '영토성'은 사람들에게 안정과 정체감을 제공하는 개념이며, '개인 거리'는 알맞은 사회적 상호작용에 필요한 거리를 언급한다. 일반적으로 개인이 가장 심리적으로 편안함을 느끼는 거리는 사생활 침입이나 소외감을 경험하지 않을 정도의 거리이다. 자신과 타인 사이에 유지되는 개인 거리가 너무 클 때 개인은 이탈감이나 소외감의 불유쾌한 감정을 경험하며, 유지되고 있는 거리가 너무 좁을 때는 프라이버시 침해를 경험하기 쉽다. 개인의 공간 행동과 그에 따른 심리는 개인적 특성뿐만 아니라 사회문화적 특성에 영향을 받는다. 일례로 정신분열증 환자는 상당한 양의 개인 공간을 유지하려 하며, 너무 밀접되거나 가까운 시선접촉이 이루어질 때 그 상황을 도피하려는 경향을 보인다. 이와 달리, 노인은 대체로 감각능력이 떨어지기 때문에 개인적 거리를 좁게 유지하며 사람들과 물체들에 대한 물리적 근접성을 가지려고 한다.

공간 개념과 공간 행동에 대한 이론은 사회복지사들이 문화마다 상이한 클라이언트들의 행동을 이해하는 데 실질적인 도움이 되었다. 예를 들어, 사생활 보호 욕구와 타인과 관계를 형성하려는 욕구는 인간의 기본적이면서도 보편적인 욕구이나 그러한 욕구를 해결하는 방안은 문화적으로 차이가 난다. 히스패닉이나 중남미, 아랍 사람들은 친밀하고 가까운 접촉을 선호하는 반면, 북유럽 민족이나 영국인은 거리를 두는 관계를 편안하게 생각한다(Germain & Gitterman, 1986). 그리고 한국인의 경우, 전통적인 한국인의 행동양식을 검토한 문헌에 따르면, 한국인들은 서구에 비해 정착성, 고정성의 공간 의식을 가지고 있으며, 개인 거리 또한 서구인들에 비해 공간 반경이 작으나 서열에 따른 규제를 심하게 받는 경향이 있다(김재은, 1987). 그리고 밀집

성에 대한 내성은 서구인들보다 강한 편인데, 밀집 공간은 프라이버시를 중시하는 문화에서는 일종의 긴장을 유발시키는 상황으로 간주될 수 있지만, '우리'라는 집단의식이 강한 문화에서는 구성원 간의 상호작용을 강화시키는 긍정적인 상황으로 작용할 수도 있다(우국희, 1990). 한국인의 공간 사용을 실증적으로 조사한 오세철(1982)은 타인으로부터 자기의 공간을 침입당하였을 때 개인 공간 처리방식이 비교적 관대하다는 것을 밝혔다.

전통적인 주택 구조만 보더라도, 얇은 벽, 미닫이문 등 공간과 공간이 상호 침투되는 개방적인 특성은 개인의 프라이버시를 유지시켜 주는 어떤 물리적 기제도 발달시키지 않았음을 말해준다(주남철, 1980). 이는 개인의 자율성보다는 오히려 집단의 상호작용을 강화시키는 공간 구성과 공간 행위를 발달시켰다고 볼 수 있다. 그러나 그렇다고 하여 우리 문화권에서 프라이버시가 전혀 고려되지 않은 것은 아니다. 다만, 그것이 서구와 같이 물리적 공간, 물리적 거리의 확보에 의해서가 아니라 심리적 철회에 의해 프라이버시를 유지하는 경우가 많다(우국희, 1990). 이에 반해 서구인들은 시각적, 청각적 프라이버시를 중시하여 주택을 지을 때나 방을 배치할 때 방음 문제를 중시하며, 형식적인 개방형 벽이 아닌 철두철미한 물리적인 벽을 통해 개인의 프라이버시를 보장하는 경향이 많다(박명석, 1979).

"환경 속의 인간"이라는 메타포는 사회복지실천에 많은 긍정적인 영향을 끼친 것은 사실이다. "환경 속의 인간"은 고립된 개인이 아닌 환경과의 상호교류적 관계를 강조하여 사회복지실천을 다른 전문직과의 차별성을 보여줄 뿐만 아니라, 다양한 실천 수준들을 통합시킨 측면에서는 매우 긍정적인 역할을 했다. 그러나 이론의 통합적 관점과는 달리 전문직은 사회적 환경에만 비대하게 초점을 두어 왔으며, 1980년대 등장한 생태체계이론 또한 물리적 환경이 사회복지실천에서 어떻게 인식되고 개념화되어 왔는지, 인간과 물리적 환경 간의 관계, 시간과 공간을 어떻게 실천 전략들에 통합해야 할 것인지를 고려하게 했다는 점에서는 의의가 있으나, 물리적 환경, 공간에 개입하는 지식은 그 이후로 더 이상 진척시키지 못한 한계를 보였다.

저메인(1981)은 전문직이 물리적 환경을 정적인 환경으로 남겨두는 것은 생태학적 관점을 왜곡시키는 것이라 경고하기도 했지만, 이러한 그의 경고에도 불구하고 실천에서의 실질적 변화는 거의 없었다. 물리적 환경이 사회복지실천에서 어떻게 인식되고 개념화되어 왔는지를 살펴본 미카엘 킴 재프(Michael Kim Zapf)는 생태학적 개념은 물리적 환경을 지속적으로 무시해 온 전문직의 관습적 접근을 눈속임하는 장치로만 사용되었다고 비판했다. 물리적 환경은 사정단계나 개입단계 모두에서 지속적으로 빠져있고, 주류 실천 교재에서도 사정도구는 주로 사회적 기능, 사회적 관계망, 사회적 역할 측면에 초점을 맞추고 있다는 것이다. 가계도나 생태도는 자연세계를 다루는 지점이 없다(Zapf, 2010).

3) 생태중심적(Eco-centrism) 관점 : 장소 실천을 향하여

1990년대 이후 사회복지 전문직에서 나타난 특징적인 변화는 사회복지실천과 자연환경과의 관계에 초점을 둔 문헌들이 증가했다는 것이다. 사회복지실천의 핵심 가치와 관습적으로 수행해 온 생태체계 모델이 환경위기를 포함하는 형태로 확장되어야 한다는 주장들이 나타났다.

20세기 초 인보관 워커들이 청소년 프로그램에서 여름 캠프, 공원, 신선한 공기 등을 포함시키는 등, 전문직의 초기에는 자연환경의 활용에 대한 관심이 있었다. 그러나 놀랍게도 "환경 속의 인간"이라는 초점을 천명했음에도 불구하고 자연환경에 대한 이해는 진전되지 않고 많은 실천가들은 자연환경을 실천의 범주로서 바라보지 않았다. 1990년대 후반 들어 자연환경에 대한 개입을 전문직의 정체성에 포함시켜야 한다는 주장이 나오기까지 거의 100여 년이라는 오랜 시간이 걸렸고, 또 그 속도도 매우 느렸다.

자연환경에 대한 가장 최근의 관심은 "환경위기"와 밀접히 관련되어 있다. 지구온난화로 인한 기후변화와 자연재해는 사회복지사들 또한 이 문제에 관심을 가져야 한다는 주장을 낳았다. 1990년대에 북미의 사회복지사들 사이에는 전 지구적인 환경문제에 대해 사회복지 전문직도 공히 관심을 가져야 한다는 인식이 있었다. 평등과 정의에는 환경적 평등도 포함되어야 하며, 인간을 포함한 모든 동물들이 안전하고 깨끗한 환경에 등등하게 접근할 수 있도록 사회복지실천이 이러한 움직임에 주도적으로 관여해야 한다는 것이다(Ramsay & Boddy, 2017 : 73).

전통적으로 사회복지실천은 자연환경의 위기에 관한 담론의 주변부에 머물러 있었으며, 실제로 기후위기는 자연과학의 영역이라 여겨졌다. 그러나 20세기 후반 들어 기후변화, 지구온난화, 환경오염 등에 따른 생태위기는 자연환경에 대한 지식과 이론, 특히 "환경 정의(environmental justice)"의 문제를 사회복지실천교육에 접목시켜야 한다는 주장으로 이어졌다. 1994년 호프와 맥넛트(Hoff & McNutt)는 『지구환경위기 : 사회복지와 사회복지실천을 위한 함의(The global environmental crisis : Implications for social welfare and social work)』라는 책에서, 환경위협이 인류에게 닥침에 따라 사회복지실천 또한 사회복지라는 구시대적 목적을 넘어서서 환경보호와 지속가능성을 향한 새로운 모델을 개발해야 함을 주장했다. 이와 같은 맥락으로 2000년 미국사회복지사협회(NASW)는 "지속가능한 개발을 통해 사람들과 자연환경을 보호하는 것은 '환경 속의 인간' 관점의 완전한 실현"이라고 제안했다(Zapf, 2010). 자연환경을 사회복지실천에 통합하는 것의 중요성을 제기한 다양한 문헌들은 사회복지실천의 이론적 초점이 사회환경에서 자연환경으로 이동해야 할 필요성을 언급하면서 자연의 본질적 가치에 대한 인식, 에코중심주의(ecocentrism)로의 이동이 일어나야 함을 주장하였다.

이에 발맞춰 2010 미국사회복지교육협의회(CSWE)는 "사회복지실천에서 지속가능성을 촉진시키기"라는 주제로 개최된 제56회 행사에서 지속가능성이 새로운 세기의 사회정의 문제임을 천명했다(Dewane, 2011). 호주의 전문가 윤리강령은 "사회복지에 내재된 본질적인 것으로 자연환경보호를 촉진시켜야 하며", "인간 사회의 미래에 그것이 갖는 근본적인 중요성을 인정하여 사회복지실천가들은 자연환경보호를 옹호하고 촉진해야 한다"는 내용을 포함시키고 있다(Harris & Boddy, 2017). 우리나라 사회복지사협회 또한 2023년 개정한 「사회복지사 윤리강령」 제5장 "사회에 관한 윤리기준" 5번 조항에 "사회복지사는 인간과 자연이 서로 떨어져 살 수 없음을 깨닫고 인간과 자연환경, 생명 등 생태에 미칠 영향을 생각하며 실천해야 한다"는 것을 추가하였다. 지속가능성이라는 전 지구적 문제가 사회복지실천에서도 주목을 받게 된 것이다.

사회복지사들은 환경위기가 모든 사람들의 삶에 영향을 미치고 있지만, 그 영향의 결과는 공평하게 분배되고 있지 않다는 데 더 많은 관심을 갖는 경향이 있다. 사회복지사들이 관계하는 집단은 가장 취약한 사람들이다. 이들은 기후변화에도 불공평하게 영향을 받는다. 환경정의를 위한 개입은 안전하고 깨끗한 환경을 촉진시키고 환경에 영향을 미치는 정책과 의사결정에 모든 사람들을 의미 있게 관여시키는 것이 포함된다(Rines, 2021). 유엔 세계재해보고서에 따르면 기후변화로 인한 자연재해가 지난 20년간 1.7배 증가했고 이 증가폭이 갈수록 커질 것이라는 전문가들의 경고가 나오고 있으며, 미국에서는 2021년 뉴욕을 덮친 허리케인 아이다로 인해 뉴욕시에서 사망한 13명 중 11명이 반지하 건물에 거주하고 있었다는 사실이 보도되자 주거취약계층에 미치는 기후변화의 불평등한 영향에 대한 근본적 대책 마련이 촉구되었다(유나리, 2022). 한국의 경우도 비슷하다. 2022년 수도권지역의 폭우에 따른 반지하 주택 침수로 인해 인명손실과 주거불안 문제가 저소득 계층에 집중되어 일어난 적이 있었다(이상은, 2023).

환경악화가 모든 인구 층에서 동일한 수준으로 경험되지 않으며, 저소득층이나 불법 이민자들과 같은 취약계층에게 미치는 영향이 더 크다는 사실은 "환경정의(environmental justice)"에 대한 인식을 이끌었다. 환경정의는 사회복지 전문직이 환경위기에 관심을 가져야 하는 정당성을 더 크게 부여했다. 1999년 미국사회복지사협회(NASW)는 "환경 착취가 사회정의의 원칙을 침해하는 것이자 NASW 윤리강령을 직접적으로 위반하는 것이다"라고 천명하기에 이르렀다(Dewane, 2011). 본질적으로 사회복지 전문직의 주요 가치는 인간 존엄성과 더불어 사회정의의 실현이다. 사회정의는 사회에 재원을 공정하게 분배하는 문제를 언급한다. 다르게 말하면, 사회 부정의는 기회와 자원을 사회의 모든 구성원들에 의해 공평하게 접근될 수 없을 때 일어난다. 최근 주장되고 있는 환경정의는 사회정의의 문제로서, 환경위기와 혜택을 전체 지역사회에 공평하게 공유하는 것을 보장하는 것이다.

미국 환경보호국(U. S. Environmental Protection Agency : EPA)의 정의에 따르면 환경정의란 "인종, 국적, 소득 등에 관계없이 모든 사람들이 환경법률, 규정, 정책을 개발하고 집행하는 것과 관련하여 공정하게 대우를 받고 의미 있는 관여를 하는 것"을 의미한다. 미국사회복지교육협의회(CSWE)는 환경정의를 "모든 사람들이 높은 수준의 환경보호를 평등하게 경험하고, 어떤 집단이나 공동체도 환경정책 결정과정에 배제되지 않으며, 환경위험으로부터 불균형적으로 영향 받지 않을 때" 이루어지는 것으로 정의했다. 2015년에는 대학교에서 다루어야 하는 9가지 핵심 역량 중의 하나에 "환경정의"를 추가하기에 이르렀다(Forman, 2023).

"환경정의"를 실천하기 위해서는 사회복지실천교육의 내용에 변화가 있어야 한다는 주장들도 이어지고 있다. 베스트혼(Besthorn, 2003)은 심층생태학(deep ecology)을 사회복지학생들에게 가르쳐야 함을 제안했으며, 호주의 존스(Jones, 2012)는 생태학적 내용을 담은 교과과정을 개발하기도 했다. 그리고 멜릭키스와 우드하우스(Melekis & Woodhouse, 2015)는 사회복지실천교육에 환경 관련 내용을 통합시킬 전략들을 제시했다(Harris & Boddy, 2017 : 2). 녹색사회복지실천(green social work), 환경사회복지실천(environmental social work), 생태중심주의실천(eco-centrism) 등이 등장했다. 환경사회복지실천은 전통적인 기존의 사회복지실천과는 다른데, 그 이유는 실천의 중심부에 인간이 아닌 생태계를 두기 때문이다. 이로 인해 사회복지실천 이론도 사회학, 심리학 이론 중심에서 벗어나 생물학, 기후학, 지리학, 생태학 등과 같은 환경과학적 지식의 도입이 필요하게 되었다. 학생들은 환경 문제에 관여하는 방법에 관한 더 많은 지식을 원하지만, 아직까지 사회복지실천 교육에는 환경 관련 내용이 부족하다는 인식이 높다(Ramsay & Boddy, 2017 : 69).

소수의 학자들은 재난관리, 환경불평등 등에 대한 관심에 초점을 두기 위해서는 환경을 재정의할 필요가 있으며, 궁극적으로는 사회복지 패러다임의 전환으로 나아가야 함을 제안했다(Miller, Hayward & Shaw, 2012). 이와 달리 환경재난을 다루는 것이 사회복지실천의 새로운 영역이 아니라 전문직의 뿌리로 되돌아가는 것이라고 주장하는 입장도 있다(Teiseira & Krings, 2015). 1980년대 등장한 생태체계적 관점에서 21세기의 생태중심적 패러다임으로의 전환은 시간이 걸릴 것이며, 상당한 담론과 조사를 요할 것이므로 쉽지 않은 작업임은 분명하다.

환경적, 생태학적 사회복지실천은 기존의 사회복지실천과 다르다. 왜냐하면 그것은 실천의 중심부에 인간(개인)이 아닌 생태계를 두기 때문이다. 사회복지실천은 그동안 "환경 속의 인간"이라는 동시적 이중 초점을 주장해 왔지만, 이러한 주장은 진실되지 못한 것이었다. 사회복지실천은 그동안 인간(개인) 한쪽에만 방대하게 치우쳐 있었던 것이다. 생태적 "환경"에 대한 초점이 이제 시작단계에 불과하고 전반적인 지지를 받고 있지는 못하지만 거대담론으로만 여겨졌던 지구환경 분야에서 사회복지 실천가들의 역할을 고민하기 시작했다는 점에서 그 의의가 있다 하겠다. 현재 나와 있는 연구들을 살펴보면 자연 재해와 트라우마 사건에 대한 위기 개입, 가뭄시기에서의 개입, 기후변화와 관련된 사회적 행동, 식량문제, 환경정의, 지속가능한 경제 개발, 화석연료 및 저소득층의 주거문제 등 환경과 관련된 다양한 문제들에서 사회복지실천가들의 역할이 어떠해야 할 것인가가 다루어지고 있다(Coates & Gray, 2011 : 233).

"생태학적 사회복지실천"을 지향하는 재프(Zapf, 2010)는 자연환경이 사회복지 전문직의 이론과 실천에서 보다 중요한 역할을 해야 한다고 하면서 사회복지사의 초점이 장소와 공간 개념으로 확대되어야 할 필요성을 제안하였다. 사회복지실천은 장소 없는 곳에서 창출되는 어떤 것이 아니다. 그것은 각각의 장소에서 창조되고 만들어진다.

농촌이라는 장소 개념이 실천에 어떻게 영향을 미치는가? 사회복지 전문직은 이러한 질문에 대한 답을 추구해야 하지만, 그동안 장소 개념은 사회복지 전문직 분야에서는 주변부에 내몰려 있었다. 재프는 자연환경에 대한 사회복지사들의 관여를 촉진하기 위해 장소감, 공간, 영성, 농촌, 창조성 등 더 다양한 개념들을 제안했다. 그의 핵심 메시지는 사회복지실천이 "장소기반 모델"로 발달될 필요가 있다는 것이다. 그는 "환경 속의 인간"을 대신할 개념으로 "장소로서의 인간(people as place)"을 제안하면서, 이 개념에서 바라볼 때, 인간은 자연 세계, 즉 장소와 분리된 것으로 이해될 수 없다는 것이다. 이 개념이 수용된다면 실천의 목적은 "장소에서 잘 살아가는 것(to live well in place)"으로, 장소에서 잘 살아간다는 이념은 사회정의와 환경정의를 통합하는 것으로, 환경 권리와 인간 권리를, 환경 책임과 인간 책임을 통합하는 것을 의미한다(Zapf, 2010 : 40; Bay, 2010 : 367).

에드워드 렐프(2005)의 말을 빌리면, 장소가 진정으로 인간이 세계 속에 존재하는 데 근본적인 속성이므로, 또 개인이나 집단에게 있어 정체성의 원천이므로, 전문적 실천은 모든 사람이 의미 있는 장소를 경험하고 창조하고 또 유지하는 방법을 잃지 않도록 하는 것이 중요하다. 사회복지실천이 환경 속의 인간이라는 관습적 메타포를 넘어서 새로운 패러다임, 다시 말해 인간 중심적 사고에서 벗어나 인간과 물리적 환경, 인간과 시공간 간의 관계에 대한 새로운 이해를 향해 나아가야 할 때가 되었다.

제2부

노년과 장소

– 익숙한 장소에서 늙고 죽을 권리

제5장 에이징 인 플레이스

장소감은 사람의 근육과 뼈에 기록된다.
- 이-푸 투안

1. 노년과 장소

"장소 정체성"이라는 용어를 통해 알 수 있듯이 인간의 정체성에서 장소가 차지하는 비중은 매우 크다. 전 생애주기가 다 장소와 관련되어 있겠지만, 특히 노년기는 장소와 더욱 밀접하게 연관된다. 노인들에게 장소는 개인의 정체감을 구성하는 거대한 부분이다.

"시간의 경과는 장소 경험과 관련되며 이는 장소감에 있어 인간의 생애주기를 반드시 고려해야 한다는 것을 의미한다"(이-푸 투안, 2011 : 293). 장소는 수년에 걸쳐 점진적으로 정서를 증가시킴으로써 마침내 노년기에 이르러 깊은 의미로 자리 잡는다. 특히 시력과 청력의 약화로 말미암아 지각되는 세계는 수축

되고, 신체적 기능의 약화로 공간의 이동성이 점점 더 줄어들게 된 노인들은 과거의 사건과 장소에 더 마음을 두게 된다.

1970년대 에드워드 렐프와 이-푸 투안에 의해 시작된 장소에 대한 지리학적 연구 성과가 노화 관련 심리사회적 연구와 접목됨에 따라 노년의 삶의 질이 물리적 환경, 공간, 장소와 긴밀히 관련되어 있음을 보여주는 다양한 연구들이 진행되었다. 이-푸 투안과 비슷한 시기에 활동한 미국의 행동주의 심리학자인 파웰 로우튼(Powell Lawton, 1923~2001)은 빈곤 지역에 거주하는 노인들의 삶에 가해지는 환경적 압력에 주목하였다. 1973년 네에모우(Nahemow)와 함께 "생태학적 노화 모델(ecological model of aging)"을 제창한 그는 노화과정을 인간과 환경이 지속적으로 최적의 상태를 향해 상호 적응해 나아가는 "인간-환경 적합성(person-environment fit)" 과정으로 개념화하였다. 생태학적 노화 모델에서 환경은 사회적 환경뿐만 아니라 물리적 환경을 포함하며, 오랫동안 전통 심리학에서 무시해 온 물리적 환경이 노화과정에 미치는 영향에 주목하였다는 점에서 그 의의가 있다(Lawton & Nahemow, 1973, Moore, 2014 재인용).

그에 의해 촉발된 환경노년학(environmental gerontology)은 노인의 삶과 장소 간의 관계에 대한 이해를 더욱 촉진시켰다. 환경노년학은 물리적 환경, 공간, 장소에 초점을 두고 특정 장소에서 살고자 하는 노인의 열망을 이론적으로 체계화한 학문 분야이다. 노인이 집에 대해 갖는 의미, 장소에 대한 애착, 거주지 이동(relocation)이 노인 삶에 미치는 영향 등, 노인의 생활양식과 자기 정체성을 유지하는 데 있어 환경의 역할이 중요하다는 것을 보여주었다(Reed, Cook, Sullivan & Burridge, 2003 : 226). 이후 노인의 정체성 유지에 있어 장소의 역할, 노인의 건강과 복리에 미치는 이웃의 특성 등에 대한 연구가 다양하게 이루어졌다. 이러한 연구 결과들과 더불어 세계보건기구(WHO), 유엔(UN) 등의 국제기구는 각국 정부들에 대해 "노인 친화적 지역사회(Age-Friendly Community)"에 대한 논의를 시작하도록 독려했다. 예를 들어, 1986년에 시작된 "건강한 도시 프로젝트(Healthy Cities Project)"에서 세계보건기구는 건강과 인공 건축물, 자연환경, 사회 환경 간의 관계를 강조했으며, 그 결과 2005년에는 전 세계 33개 도시에 "노인친화적 도시 사업(Global Age-Friendly Cities Project)"이 출범되었다(Chi-Wai Lui, et al., 2009 : 116). 2006년부터 20여 개국의 나라들과 협력하여 노인친화적 도시 환경을 조성하기 위해 노력하였으며, 그 결과 2010년에는 노인친화도시 국제네트워크(Global Network for Age-Friendly Cities and Communities : GNAFCC)를 설립하기에 이르렀다(박지연, 2018). 이렇듯 다양한 환경노년학의 연구 결과들은 노인에게 적합한 주거디자인, 주거개선, '노인친화적인 지역사회 만들기' 등의 다양한 발전을 이끌어 냈을 뿐만 아니라(Wahl & Wisman, 2003), 고령화를 경험하는 많은 국가들에서 "에이징 인 플레이스(Aging in Place : AIP)" 이념을 구현하는 전략 개발을 촉구하는 데 이르렀다(Phillipson, 2007).

2. 어디에서 늙어갈 것인가?

노인들에게 가장 중요한 관심은 어떻게 죽을 것인가이다. 이는 죽음을 맞이하는 방식, 즉 고통 없이 죽는 것에 대한 관심이기도 하지만, 어디에서 죽을 것인가를 뜻하는 것이기도 하다. 모든 시대는 공히 "집"이 최고라는 것을 믿어 왔다. 대부분의 노인들은 마지막까지 자기가 살고 있는 집에서 계속 살기를 원한다. 그러나 문제는 노인들이 그들 자신의 집에서 계속 살아갈 수 없다는 것이다. 자신의 집에서 죽음을 맞이할 수 있는 것이 과거에는 "당연한 현상"이었으나 오늘날은 노력해서 찾아야 하는 "노인의 권리"가 되었다. 최근, 미국과 유럽 등 세계적으로 '집에서 죽을 권리(Right of Dying in Place)'에 대한 관심이 높아지고 있다. 네덜란드, 독일, 일본 등 고령화 비율이 높고 사회보장제도가 발달한 국가들에서 장기요양제도를 개혁할 때 "집에서 늙고 죽을 권리"를 핵심 가치로 정하는 방향으로 가고 있다. 내 집에서 늙어갈 권리를 보장하는 것이 노인복지정책의 지향점이 되고 있는 것이다(동아일보, 2024. 7. 24).

어디에서 죽을 것인가를 결정할 수 있다는 것은 자기 삶에 대한 마지막 통제권을 행사하는 것으로, 이는 자기 자신이 살아 있음을 느끼게 하는 힘이다. 그러나 언제부터인가 대다수의 노인들에게 죽음의 장소를 선택하는 것이 불가능한 일이 되었다. 미국 의사로서 『어떻게 죽을 것인가(Being Mortal)』를 집필한 아툴 가완디(Atul Gawande, 2015)에 의하면, 미국에서 1945년까지만 해도 사람들은 대부분 집에서 죽음을 맞이했으나 1980년대에 이르자 이 비율은 17%로 줄었다고 한다. 우리나라의 경우 2021년 기준으로 국내 사망자의 70.0%가 자택이 아닌 병원에서 세상을 떠난 것으로 조사되었다. OECD 평균이 49.1%인 것과 비교할 때, 우리나라는 그 비율이 매우 높은 편이다. 노화와 죽음은 집이 아닌 병원이나 요양원에서 겪는 흔한 일이 됐다(동아일보, 2024. 7. 24). 그러나 노인들의 욕구나 희망은 이러한 현실과 정반대로 흘러가고 있다. 2024년 국토연구원의 조사에 의하면, 60대 이상 고령자 10명 중 8.5명(85.5%)은 '현재 사는 집 또는 동네에서 계속 살고 싶다'라고 응답했으며, 노후에 떠나고 싶지 않은 공간의 최대 범위는 '지금 사는 동네(34.2%)'가 가장 높게 나타났다(정소양 외, 2024).

노인들의 소망에도 불구하고 요양원이나 병원에서 죽음을 맞이하는 비율이 높아짐은 "어디에서 늙어갈 것인가"의 문제를 다시 우리들에게 진지하게 제기하고 있다. 르몽드 디플로마티크지는 미국의 온라인 매체인 「크리스천 사이언스 모니터지」 보도를 인용하면서, 독일에서는 최근 '원조 요양', '노인 수출' 등과 같은 신조어가 나타나고 있다고 하였다. 이는 노인들이 자신의 집은커녕, 자기 고국에서 노년의 죽음을 맞이하기를 바라는 것이 사치스러운 소망이 되고 있음을 보여준다. 독일에서는 가족들이 그들 노부모를 이웃 동유럽 국가인 헝가리나 체코슬

로바키아 등의 나라에서 운영하는 요양시설로 보내는 경우가 해마다 증가하고 있다. 이러한 현상의 배경에는 노인의 욕구에 대한 고려는 전혀 없으며, 오로지 고령화로 노인의 수가 급증하는 반면 요양시설과 인력은 충분치 않음으로 말미암아 요양비용이 비싸진 것에 그 관심이 있을 뿐이다(르몽드 디플로마티크, 2013).

해외의 요양시설로 보내지는 노인 인구가 늘고 있다는 사실은 노인들의 장소 정체성에 커다란 위기가 다가오고 있음을 예감케 한다. 노인들에게 그렇게 중요한 장소의 의미가 가족이나 친척들에게는 아무런 뜻도, 가치도 없는 이슈이며, 노인이 살 장소는 당사자인 노인이 아니라 가족의 선택과 결정에 달려있는 문제가 된 것이다. 르몽드 디플로마티크에 실린 다음 기사의 내용 중 요양원이 집에서 얼마나 멀리 떨어져 있는지 그것이 아무런 문제가 되지 않는다는 독일 친지의 말은 노인들의 입장에서는 가히 충격적이다. 노후가 국가의 경계를 넘어 한 번도 살아보지 않은 타국에서, 언어와 문화가 전혀 상이한 타국의 사람들에 의해 돌봄을 받는 것이 과연 남은 삶의 질을 보장해 주는 것인가? 만약 노인에게 조금이라도 인지능력이 남아 있다면, 소위 "원조 요양"이라는 현실을 받아들일 수 있을까? 장소감이 뿌리 뽑히더라도 노년의 삶은 지속될 수 있을까? "변하는 게 아무것도 없다면, T할머니는 곧 자신이 살고 있는 베를린 북부 거리를 떠나 먼 이국땅에서 여생을 마감하게 될 것이다"라는 기자의 언급은 장소가 배제된 삶에 대해 깊이 생각하게 한다.

T할머니의 조카딸이 최근 비밀리에 T할머니를 해외로 요양 보낼 궁리를 하고 있다. 체코공화국이나 타이는 24시간 요양 서비스를 제공한다. 조카딸은 추위를 잘 타는 T할머니를 위해 기후적으로 더 적합한 후자를 염두에 두고 있다. 조카딸은 말한다. "물론 거기도 양로원인 것은 매한가지다. 하지만 아무래도 관리인이 많으니 온정과 관심이 더 많을 테고, 저녁엔 간병인이 고모 옆에 매트를 깔고 함께 자고, 아침엔 함께 일어나 애정으로 고모를 간병하고 고모의 말도 경청할 것이다. 고모가 여기서 7000km 떨어진 곳에 있든 700km 떨어진 곳에 있든 그건 그리 중요치 않다. 우리는 고모가 가까이 있다고 해서 멀리 있는 경우보다 더 자주 찾아보지는 못할 것이다.

르몽드 디플로마티크. 57호. 2013.

3. 왜 남아 있나요? 집이니까요 - 죽음의 위협에도 포기할 수 없는 장소, 집

장소는 다양하다. 일반적으로 장소라 하면 근린, 마을, 시내 도시 등 너무 작지 않은 규모를 가진 물리적 환경이나 경관을 떠올린다. 그러나 이-푸 투안은 『공간과 장소』(1977)에서 장소의 크기는 다양하며, 작게는 마음에 드는 안락의자에서부터 크게는 지구 전체가 장소라고 보았다(이-푸 투안, 2011 : 239). 그가 말하는 장소는 경관이나 물리적 형태가 아니라 세계를 의미 있게 만드는 방식이자 세계를 경험하는 방식을 뜻하는 것임을 알 수 있다. 공간의 어떤 부분, 예를 들어 안락의자에 의미를 부여하고 그 의자라는 공간에 애착을 느끼게 될 때 안락의자는 그 사람에게 장소가 되는 것이다.

그런데 사람들에게 가장 의미 있는 대표적인 장소를 꼽으라고 하면 대부분의 사람들은 "집"을 든다. 가장 이상적인 장소는 집이기에, 어디에 가든, 잠시 머물기 위한 곳이든 사람들은 그 공간을 자기 집처럼 느끼게 만들려는 시도를 한다. 이는 집이 갖는 의미와 이미지 때문이다. 집은 하이데거에 따르면 존재의 거처이며, 이-푸 투안의 말을 빌리면 우주의 중심이다. 집에 대해 부여되는 이러한 의미는 당연히 집에 최상의 가치를 부여한다(이-푸 투안, 2011).

사람들은 자기만의 집을 갖기를 원하며, 자신의 집에 계속 살기를 희망한다. 집은 자기 자신의 존재 의미, 자기 이미지를 강화시키며, 어떤 수준에서 장소는 위험한 바깥 사회로부터 안전함과 환경에 대한 통제력을 제공해 준다. 그리고 다른 사람과의 관계를 상기하고 추억하게도 한다. 특정 장소들에서 가족, 친구, 조상과의 정서적 연결이 일어나며, 결혼과 같은 인생의 중요 사건이 일어나는 장소에 대해서는 강한 연대감을 갖는다(Smith & Cartlidge, 2011).

노인들은 왜 집을 갈망하는가? 무엇보다 모든 연령층의 사람들이 다 마찬가지겠지만 노인들에게 가장 큰 관심사는 그들 자신의 독립과 자기 가치감을 유지하는 것이기 때문이다. 75세 이상의 노인들은 물론, 대부분의 노인들은 가능한 한 오랫동안 독립적으로 자신의 집에서 생활하기를 원한다. 자신의 집에서 계속 살 수 있다는 것은 자율적인 삶을 유지하는 것과 동의어로 받아들여져 왔다. 저자의 다른 연구(2004)에서 노인들은 독립된 삶을 이야기할 때, “눕고 싶으면 눕고, 먹고 싶으면 먹고, 자고 싶으면 잘 수 있는 것”을 언급하였다. 스스로를 “집도 없는 자, 일상의 양식을 동냥하고 방황하는 자”로 지칭한 그리스 철학자 디오게네스와 같은 사람이 아니라면 이것은 오직 자신의 집에서만 가능한 것이다.

따라서 집은 다른 사람의 지배나 간섭을 받지 않고 자신의 생활방식을 유지할 수 있는 능력을 의미한다. 다시 말해, 집(home)은 그 환경에 대한 지배의식(ownership)과 관련된다. 집은 시설이나 병원과 같은 공동체 생활 상황에서는 가능하지 않은 환경에 대한 통제를 허용한다. 즉, 가구를 재배치하고, 누구를 초대하고 누구를 초대하지 않을지 결정하고, 먹고 싶은 음식을 해먹을 수 있는 것은 집에서는 일상적인 활동이지만, 수십 명이 공동 생활하는 그러한 시설에서는 힘든 일이다(Gibson, 1998 : 212).

건물, 주거환경, 물건의 배치 등과 같은 물리적 환경 그 자체가 사람들의 삶에 영향을 미치지만, 노인들의 경우는 물리적 환경의 배치나 외관 등의 특성보다 물리적 환경에 대해 부여하는 주관적 의미가 더 중요하게 작동하는 경우가 많다. 바슐라르가

"더할 수 없이 비천한 거소라도 아름답지 아니한가?"라고 말한 것처럼, 노인들은 다른 사람들이 보기에 그들의 집이 아무리 누추하고 문제가 많은 것처럼 보여도 그 장소는 그들 삶이 녹아있는 역사이자 추억이며 유일하게 자율성이 보장되는 곳으로 인식한다. 자율성을 보장받지 못하는 장소에서는 심각한 무력감 또는 살아있어도 죽은 생명이나 다를 바 없는 것으로 느낀다. "장소 애착은 노인으로 하여금 과거를 살아있게 하고, 급속도로 변화하는 시대에 항상성을 유지하게 하며, 유능감을 지속적으로 지지하는" 등의 역할을 한다(Rubinstein & Rarmelee; Means, 2007 : 81).

노인들은 다른 사람들이 그들의 집 안으로 들어올 때, 혹은 주거지를 떠나 노인보호시설로 들어갈 때 통제력의 결핍을 느낀다. 시설로의 급격한 이주는 그 시설의 환경이 아무리 좋고, 시설에서 보살핌을 제공하는 사회복지사의 자질이 아무리 좋다 할지라도 그들 노인의 삶을 송두리째 부정하는 것과 다르지 않다(우국희, 2014). 슈뢰르 등(2010)은 자신의 고유 영역으로 다른 사람이 침입해 들어오는 것을 저지할 수 있다는 것은 개인에게 권력, 파워감을 느끼게 하나 역으로 자신의 장소에 대한 다른 사람의 접근을 저지하지 못하는 사람은 무력감을 느끼기 쉽다고 보았다.

> 권력은 다른 사람이 자신의 고유한 영역으로 들어오는 것을 저지할 수 있는 가능성을 의미한다. (…) 아무리 자신의 영토

가 작을지라도 그 영토를 방어하지 못하거나 혹은 자신의 의지대로 만들지 못하고 다른 사람들에게 접근을 허용해야 하는 사람은 무력하다.

마르쿠스 슈뢰르. 2010.

또 어떤 노인에게 있어서 자신의 집은 자녀가 찾아올지도 모른다는, 다른 곳으로 이사하면 영영 못 만날지도 모른다는 희망과 기다림의 장소이며, 죽어서도 가고 싶은 그리움의 장소이기도 하다. 저자는 배회증상이 심한 한 치매노인을 경험한 적이 있다. 마을 주민들은 그 노인과 가족에 대해 잘 알고 있어 노인이 대문을 나서면 가게 주인이든 이웃 주민이든 모두가 그 노인의 보호자로서 역할을 감당했다. 멀리 가지 못하고, 또 노인의 동선을 마을 주민들이 지켜봐 주기에 가족들은 노인이 문밖을 나가더라도 안심하는 편이었다. 그런데 하루는 온 동네를 찾아다녀도 그 노인이 보이지 않는 것이었다. 마을 주민들도 당황하고 함께 돌아다녀 보았지만 전혀 찾을 수가 없었다. 가족들이 거의 포기할 즈음, 한 가족 구성원이 경찰에게 마지막으로 그 할머니가 예전에 장사하며 사시던 자리에 한번 같이 가 봐달라고 부탁했다. 버스 몇 코스의 거리였다. 할머니가 장사하던 때와 달리 주변은 개발되어 많이 변해 있었다. 그런데 할머니가 장사하시던 그 자리에 서성이고 계셨던 것이다. 가게는 없어지고 다른 건물이 들어서 있었지만 할머니는 그 자리를 기억하고 계셨던 것이다. 무사히 집으로 모셔 돌아왔다. 기억을 상실한 치매노인에게조차 자신의 삶이 고스란히 녹아있는 장소만큼은 기억되고 있음을 깨닫게 한 사건이었다. 그들에게 있어 집이라는 장소는 안식처이기도 하면서 정체성을 유지시켜 주는 기억이자 추억의 보고이다.

이와 같은 맥락에서 바슐라르(2003)는 집을 “대상”으로 파악하는 것은 충분하지 못하다고 한 바 있다. 그는 “집은 육체이자 영혼이며 인간존재의 최초의 세계”라 보아야 한다고 주장했다. 집은 “더할 수 없이 비천한 거소라도 아름다우며”, “인간의 사상과 추억과 꿈을 한곳에 통합하는 가장 큰 힘의 하나”임을 주장하였다.

> 집이란 세계 안의 우리들의 구석이다. 집이란—흔히들 말했지만—우리들의 최초의 세계이다. 그것은 하나의 우주이다. 우주라는 말의 모든 뜻으로 우주이다. 내밀하게 파악될 때, 더할 수 없이 비천한 거소라도 아름답지 않겠는가? (…) 집은 단순히 그날그날 우리들의 역사의 흐름을 따라, 우리들의 역사의 이야기 속에서 살아지는 것만은 아니다. 꿈을 통해 우리들이 살아가는 동안에 거주했던 여러 거소들이 상호침투하며 지난날들의 재보들을 간직한다. (…) 집은 육체이자 영혼이며 인간존재의 최초의 세계이다.
>
> 가스통 바슐라르. 2003, pp. 77–79.

노인들에게 집을 지키는 것은 죽음과도 맞바꿀 정도로 결연하면서도 험난한 과정인 경우가 다반사다. 죽음의 도시를 떠나라는 "사회적 이주" 명령을 거부한 체르노빌의 노인들에게서 이를 엿볼 수 있다.

체르노빌은 1986년 4월 26일 세계에 경종을 울린 원전사고가 일어난 도시이다. 당시 사고로 1945년 일본 히로시마와 나가사키 원자폭탄 투하 때보다 무려 100배가 넘는 방사능이 유출됐다. 직·간접적으로 피해를 입은 피해자 수는 총 3백만 명 이상이었다. 방사성 물질 누출로 반경 30km 이내 지역은 금지구역으로 지정되었고 수십만 명의 사람들이 이주함에 따라 그 도시는 사람이 살지 않는 죽음의 도시가 되어갔다. 그러나 그러한 도시에도 한 사람, 한 사람씩 돌아오기 시작했다. 돌아온 사람들의 대부분은 노인들로서 생명의 땅을 뒤로하고 그들은 죽음의 그늘이 여전히 짙게 드리워진 그곳으로 돌아왔다. 그들이 돌아온 이유는 단 한 가지였다. 그곳이 바로 그들의 고향이기 때문이었다.

다큐멘터리 작가 홀리 모리스(Holly Morris)는 체르노빌 원자력 사고 25주년을 맞아 어떤 생명체도 살 수 없게 된 지역임에도 그 지역을 떠나지 않으려는 여성 노인들을 취재하였다. 그들과의 인터뷰에서 드러난 사실은 그 지역 노인들에게 다른 지역으로의 이주는 죽음을 의미하는 것이며, 삶의 의미의 상실을 뜻하는 것이었다. 이때의 취재 내용을 모리스는 테드(TED)에서 강연하였는데, 강연의 제목은 "왜 체르노빌에 남아 있나고요? 집이니까요(Why stay in Chernobyl? Because it's home)"이다. 강연의 제목은 장소 애착 또는 장소 정체성 유지에 대한 강렬하면서도 단호한 노인들의 의지를 그대로 드러내 준다. 그들이 죽음의 현장인 체르노빌로 돌아와 살기를 결정한 이유는 단순했다. 그곳이 "집"이기 때문이었다. 체르노빌로 돌아간다는 것은 곧 죽음을 의미했다. 그러나 노인들에게 있어 그곳이 모든 생명체의 죽음만을 기다리는 공간이라 할지라도, 그 장소에 그들 집이 있다면 집은 죽음의 위험도 불사할 수 있는 동기가 된다.

극단적 사례이긴 하지만, 이와 유사한 사례가 미국에서도 있었다. 1980년 3월 워싱턴주 올림피아 인근 세인트 헬렌스 산에서 화산폭발 예고가 있었다. 그 당시 83세였던 해리 로버트 트루먼(Harry R. Truman, 1896~1980)은 사망자 가운데 가장 나이가 많은 사람이었다. 트루먼 노인은 화살 폭발 조짐에도 불구하고 집은 자신의 생명과도 같다, 집이 없어질 것이라면 나도 집과 운명을 같이하겠다고 하면서 화산 폭발을 그대로 맞아 운명을 달리했다. 자신의 삶을 스스로 결정할 수 있는 가능성이 희박한 현 시대에 해리 트루먼의 최후의 삶은 마을 주민들에게 많은 의미를 남겼으며, 주민들은 그를 기려 마을 입구에 기념비를 세워주었다(아툴 가완디, 2015 : 110−111). 트루먼 노인의 사례는 집은 단순한 거처로서의 의미만을 갖는 것이 아니라 인간 존재의 영원한 생명줄과도 같은 것임을 잘 보여주는 것이었다.

다시 돌아와, 홀리 모리스는 테드 강연에서 집과 건강한 노화 간의 긍정적 관계를 조심스럽게 주장하였다. 체르노빌로 돌아온 여성 노인들이 자신의 집과 고향을 떠나 다른 지역에 재정착한 여성들보다 오히려 10년 이상 더 장수하였다는 진실은 집의 의미가 노년의 건강과 복리에 매우 중요한 부분임을 보여주는 것이라 하면서, 장소의 생명성, 자기 의지의 치유성을 고려할 필요가 있음을 제안하였다.

> 체르노빌은 세계 최악의 원자력 재앙의 현장이었다. 지난 27년 동안 발전소 주변 지역은 "접근 금지 구역"으로 불렸다. 그럼에도 불구하고 주로 여성 노인들로 이루어진 약 200여 명의 공동체가 그곳에서 살고 있다. (…) 1986년 당시 원전 화재가 11일간이나 계속되었고, 그 사고로 유출된 방사능은 히로시마에 투하된 폭탄의 400배나 됐다. 현재 제4번 원자로를 덮고 있는 석관은 27년 전 급히 지어졌는데 지금은 금이 가고 녹이 슨 상태로 방사능을 유출하고 있다. 체르노빌의 흙, 물, 대기는 지구상에서 오염이 가장 심한데다 원자로는 철저히 통제된 출입 금지 구역, 즉 죽음의 구역 중심에 있다. (…) 요점은 어느 누구도 죽음의 구역 근처에 살 수 없다는 것이다. 그런데 사람들이 살고 있다. 믿기 힘들지만 약 200명 정도가 공동체를 이룬 채 그 구역 안에 살고 있다. 자발적 정착민이라고 불리는 그들은 대부분 여성이었다. 사고 직후 수십만 명이 대피를 하였지만 모두가 그 운명을 받아들인 것은 아니었다. 이제는 70~80대로 접어든 이들 여성들은 정부의 명령과 기본 상식을 거부하고 조상 대대로 살아온 집으로 돌아온 무리의 마지막 생존자들이다. 그들의 행위는 불법이다. 한 여성은 재차 자신을 대피시키려는 군인에게 이렇게 말했다고 한다. "차라리 날 쏘고 내 무덤을 파라. 아니면 난

내 집으로 가겠다."

왜 그들은 그렇게 위험한 땅에 돌아가려 했을까? 그곳의 위험을 몰라서? 위험을 무시할 정도로 미쳐서? 아니면 둘 다여서? 삶과 위험에 대한 그들의 시각은 우리와는 확연히 달랐다. (…) 그들이 마을로 돌아가자 병에 걸려 죽을 것이라는 말들이 나왔다. 하지만 그들의 논리에 따르면 어머니, 아버지, 그들의 자녀가 묻힌 무덤이 있고, 봄날 오후의 황새 날갯짓 소리가 들리는 고향에서의 행복한 5년이 케이브의 고층 아파트에서 썩는 10년보다 낫다고 생각했다. 그들에게는 환경오염이 최악의 재난이 아닐지도 모른다는 생각을 들게 했다. (…) 우리가 이해하기는 힘들지만 시골 바부쉬카(러시아어나 우크라이나어로 할머니라는 뜻)들한테 집은 전 우주나 마찬가지고 고향 땅과의 관계는 체감할 수 있을 만큼 확실하다. 소련 치하에서 받은 교육과 러시아어에 정통해서인지 이런 생각들에 대한 격언들이 이들 우크라이나 여자들의 입에서 술술 나온다. "떠나면 죽는다." "떠난 자들의 상태는 더 안 좋다." "슬픔에 의해 죽어가고 있다." "모국은 모국이다. 나는 절대로 떠나지 않는다."

두리뭉실한 믿음처럼 들리는 이런 말들이 사실일 수도 있다. 연구 결과는 없지만 눈에 보이는 진실은 이러하다. 집으로 돌아온 후 27년간을 지구상에서 방사능 오염이 가장 심한 지역에서 살아온 이 여성분들이 다른 지역으로 재정착한 이웃의 사람들보다 더 장수한다는 것이다. 어떤 추측에 따르면 10년이나 더 오래 살았다는 것이다. 이게 어떻게 가능할까? 이론이 하나 있다. 그들의 격언에 나오는 선조의 땅과의 연결고리가 장수에 도움을 주는 건 아닐까? 그 지역에서는 근본적으로 중요시되는 모국의 힘이 그들의 고통을 완화시켜 주는 것으로 보인다. 집과 공동체는 방사능과도 맞먹는 힘이다. (…) 내가 다녀온 후 3년 동안 바부쉬카의 수가 반으로 줄었다. 하지만 그들의 정신과 존재는 우리가 깊이 생각하고 고민할 만한 훌륭한 본보기이다. 위험이라는 것이 상대적일 수 있다는 점, 집과 생명과의 관계, 그리고 자기 주체성과 자기 의지의 강력한 치유성에 대해서 말이다.

홀리 모리스. 2013년 6월 테드 강연.

4. 살던 장소에서 계속 살기
- 에이징 인 플레이스(Aging in Place : AIP)

노인들은 그들이 살던 곳에서 계속 살고 싶어 한다. 가능한 한 자신의 거처를 옮기지 않고 자신이 오랫동안 거주해 오던 곳에서 여생을 보내길 희망한다. 이러한 노인의 희망은 노인인구의 증가를 경험하는 많은 국가들에서 관련 정책의 발달을 이끌었다. "에이징 인 플레이스(Aging in Place : AIP)"는 노인들이 그들이 살아 온 장소에서 계속 살 수 있게 하기 위한 다양한 범위의 프로그램들로서 노인들의 개인적 존엄성과 기능적 독립을 증대시켜 그들이 살던 곳에서 계속 살아갈 수 있도록 하는 것을 목표로 한다. 이는 노인인구 증가를 경험하는 많은 나라들에서 시설화(institutionalization)를 예방하는 전략이 될 뿐만 아니라 마지막까지 자기 관리 습관을 유지하고 친숙한 장소에서 독립적으로 살아가기를 희망하는 노인들의 욕구에 대한 정부와 사회의 적극적 반응으로 각광을 받았다.

"에이징 인 플레이스(Aging in Place : AIP)"가 최초로 국제기구 문서에 등장한 것은 1982년 유엔(UN)의 「비엔나고령화국제행동계획」이다. 이 보고서에서 제시된 행동계획 중 "주택과 환경(Housing and environment)" 분야에는 물리적 환경의 중요성이 언급되어 있다. 물리적 환경 중 집은 특히 모든 사람의 복리에 필수적이며, 삶의 질에 상당한 영향을 미친다는 것이 일반적으로 받아들여지는 사실이 되고 있음을 명시하였다.

> III. 행동을 위한 권고들
>
> A. 목표 및 정책 권고
>
> 3. 고령화 과정에 있는 개인들의 관심분야
>
> c) 주택과 환경
>
> 64. 적절한 주거시설과 주변 환경은 모든 이들의 복지에 필요한 것이며, 어느 나라의 어떤 연령층에게도 주택이 삶의 질에 커다란 영향을 미친다는 것은 일반적으로 받아들여지는 사항이다. 노인들의 경우 실제적으로 대부분의 활동이 주택에서 이루어지므로 적절한 주택은 특히 더 중요하다. 주택의 개조, 일상생활에 도움을 주는 실용적인 가정용 비품, 그리고 잘 설계된 가정설비들은 이동성이 제한되거나 자기 집에서 계속해서 스스로 살기 어려운 장애가 있는 노인들의 생활을 용이하게 해 줄 것이다.

권고 19

노인들의 주택은 단순한 쉼터 이상의 차원에서 검토되어야 한다. 주택은 물리적인 측면은 물론, 심리적인 그리고 사회적인 중요성도 고려되어야 한다. 노인들이 타인에 의존하지 아니하도록 국가 주택정책은 다음의 목표를 추구하여야 한다.

(a) 가능한 한 오랫동안 노인들이 자신의 집에서 계속 살아갈 수 있도록 돕기 위하여 출입하고 시설을 이용하는 데 있어 노인의 능력에 적합하도록 주택과 적응환경을 복구 및 개발하고 그리고 실행 가능하고 적절하다면 리모델링 및 개량을 위한 법령을 마련해야 하며

(b) 재정과 민간부문과의 계약으로 제공되는 주택정책하에서는 지역전통과 관습에 따라 노인 자신들의 지위와 자기만족 정도를 고려하여 노인을 위한 다양한 형태의 주택을 계획하고 도입하여야 하며

(c) 가능한 한 노인의 주택이 일반 사람들의 주택과 마주하는 아주 좋은 위치에 들어설 수 있도록 사회복지, 보건, 문화, 레저 그리고 통신 등 지역사회 서비스 및 이 분야에 관계 있는 사람들과의 주택정책들을 조정하고;

출처 : 보건복지부(2020). 고령화관련 국제행동계획과 노인을 위한 유엔원칙, p. 26.

이 행동계획에는 “에이징 인 플레이스(AIP)”라는 용어를 직접 사용하지는 않았다. 대신 “가능한 한 오랫동안 자신의 집에서 계속 살게 하기”라는 정책 목표 진술에서 “에이징 인 플레이스”의 의미를 추론할 수 있다. “가능한 한 오랫동안 노인들이 자신의 집에서 계속 살아갈 수 있도록 돕기 위하여 노인들이 출입하고 시설을 이용하는 데 있어 노인의 능력에 적합하도록 주택과 적응환경을 복구 및 개발하고 그리고 실행 가능하다면 리모델

링 및 개량을 위한 법령을 마련해야 한다"는 것을 각국의 주택 정책 목표로 삼을 것을 제안했다(UN, 1982; 보건복지부 2000).

제1차 세계고령화회의에서 채택된 이 행동계획은 1991년 UN 총회에서 결의한 「노인을 위한 유엔 원칙」에 다시 나타났다. 「노인을 위한 유엔 원칙」은 독립, 참여, 돌봄, 자아실현, 존엄이라는 다섯 가지 원칙을 노인이 마지막까지 존엄한 존재로서 살아갈 수 있는 필수적인 요건으로 제시하였다. 이 중 독립적인 주체로서 살아가기 위해서는 "가능한 한 오랫동안 가정에서 살 수 있어야" 하는 것이 중요한 목표로 포함되었다.

이후 20년이 지나 다시 개최된 「제2차 마드리드고령화국제행동계획」에서는 "에이징 인 플레이스(Aging in Place : AIP)"라는 용어가 직접 등장한다. 1982년의 비엔나 회의가 선진국의 고령화 상황에 집중했던 것이라면 2002년 마드리드 회의에서는 개도국 내 고령화 상황이 주요 의제였다. 마드리드에서 채택된 행동계획의 주요 테마는 노인의 권리로서, 그중에서도 거주 관련 욕구 및 권리가 명확하게 표현되어 있다. "노인의 선호를 고려하면서 적당한 가격의 주택 옵션을 제공하는 전략, 즉 지역사회 내에서 '에이징 인 플레이스(AIP)'를 촉진하는 것"(제98조)이 각국의 노인 정책의 목적이 되어야 한다고 명시하고 있다(UN, 2002).

5. 에이징 인 플레이스의 한계
- "집(house)"에서 "집 같은 장소(home)"로

유엔의 권고와 함께 고령화를 경험하는 많은 국가에서 AIP 이념이 확산되고 관련 정책 개발이 이어졌다. AIP는 시설에서의 보호, 보조적인 주거환경에서의 삶과 대조되는 것으로서, 노인에게 독립의 정도를 더 크게 부여해 주는 것으로 강조되었다. "에이징 인 플레이스"는 원래 노인의 장소 정체성에 대한 존중에서 시작하였지만 시설보호에 들어가는 높은 공적 지출비용을 줄이기 위한 각국의 정치적 관심은 이를 더욱 촉진시켰다. 이로 인해 오늘날의 노인들은 가능한 한 오랫동안 자신의 집과 지역사회에서 필요한 지지를 제공받으면서 살 수 있을 것이라는 기대를 할 수 있게 되었다.

"에이징 인 플레이스" 이념을 구현하기 위한 전략은 처음에는 노인이 살아 온 집에서 그대로 살아가도록 지원하는 것에 맞춰져 있었다. 노인이 마지막 생애를 낯선 시설에서 보내기보다는 오랫동안 자신의 숨결과 추억이 남아 있는 자신의 집에 계속 살기로 선택하는 것을 존중해 준다는 의미로 이해되었다. 그러나 근 30여 년 동안 주택 개조, 보조 용구의 제공 등 주거 정책과 다양한 전략들이 개발되어 왔음에도 불구하고, AIP가 그러한 기대를 충족시켜 주었는지에 대해서는 그 대답이 긍정적이지만은 않았다. 특히 환경적 요인들이 노인의 정신건강, 삶의 질, 사회적 고립과 배제 등과 관련한 영향력에 대하여 충분히 이해되고 있지 못할 뿐 아니라, 집이라는 환경적 측면과 노인의 복리 간의 관계에 대해 알려진 것이 거의 없었다(Sixsmith & Sixsmith, 2008).

오히려 정반대의 결과를 보여주는 연구들이 있었다. 오랫동안 적응해 온 장소에서 계속 살아가는 것이 반드시 긍정적인 경험만은 아님을 보여주는 연구들이 그러했다. 오스왈드(Osward, 2011)는 "에이징 인 플레이스"가 노인 삶의 만족과 관련하여 위험요인인지 아니면 자원요인인지를 조사하였으며, 결론적으로 이념과 현실 간에 괴리가 있음을 보여주었다. 리로이(LeRoy) 등은 장소노화가 노년의 삶의 질을 보장해 주지 않음을 주장했는데, 그 이유는 치매노인의 경우를 보더라도 장소의 연속성이 곧 노인의 역할, 사회적 관계, 라이프스타일의 연속성을 항상 수반하는 것은 아니기 때문이라는 것이다(Vasunilashorn, Steinman, Liebig & Pynoos, 2012 : 4). 토마스와 블랜차드(Thomas & Blanchard, 2009)는 노인이 자신의 집에서 그대로 살아가는 것은 독립, 자유를 보장하지만 다른 한편으로 외로움, 무력감, 지루함 등의 고통을 수반하는 일종의 마약과도 같은 것이라 주장했다. 루빈스타인 등(Rubinstein, et al., 1992)도 자신의 집을 갖는 것, 자신의 집에서 사는 것이 노년기에 항상 긍정적이지만은 않다고 하면서, 일부 노인들에게 있어 집은 실제로 감옥소로 경험될 수 있으며, 나이가 듦에 따라 기능적 능력이 쇠퇴한 노인들에게는 집을 관리하는 것이 거대한 부담이 될 수 있음을 주장하였다(Sixsmith & Sixsmith, 2008 : 221 재인용). 최근 우리나라에서도 노년층을 대상으로 지역 내 계속 거주 이유와 그 의미를 조사한 연구(권오정 · 이용민 · 하해화 · 김진영 · 염혜실, 2014)에서 유사한 결과가 나타났다. 이러한 연구들은 모두 "지역사회에 살고 있지만 지역사회에 참여하지 않고 자신의 거주지에서 여전히 고립되어 있는"(Hostetler, 2011, 조아라, 2013 : 722 재인용), 에이징 인 플레이스의 현실적 한계를 보여주고 있다.

노인이 살아온 친숙한 환경에서 계속 살게 하는 것이 노인의 관점에서 가장 바람직하지만, 그것이 현실화되는 데는 여러 가지 장애가 있다. 건강이 계속 쇠약해지고, 이동에 문제가 있고, 가정관리와 유지, 재산세 증가 등의 문제는 노인들이 그들이 선호하는 장소에서 살아가는 것을 막는 중요한 방해요인이다.

미국의 한 조사에서 거의 5백만 명의 65세 이상 자가소유자들이 50년 이상 된 집에서 살고 있었으며, 이 집단의 1/2 이상이 저소득층으로 나타났다. 그들은 만성적인 건강상의 문제와 신체적, 인지적 손상을 가지고 있으며, 특히 그들의 열악한 재정적 상황에 비추어 볼 때 현재의 집에서 독립적으로 살아가는 것이 어려운 상황이었다. 특히 오래된 설비와 인테리어로 집을 수리하는 비용이 더 들어간다는 많은 증거들은 그들이 차라리 더 나은 주택으로 이주하여 사는 것이 개인적으로나 국가적으로 더 낫다는 결론을 내리게 하였다. 노인이 거주하는 주택의 부적절성과 더불어 치매노인인구의 증가는 "장소"로서의 "집"을 대신할 대안을 모색하게 하였다. 치매노인들의 경우, 배회의 문제, 가스 불을 켜고 끄지 않는 것, 더운 물에 화상을 입는 것, 불결한 환경과 위생관리로 특징되는 노인자기방임에 관련된 지역사회의 불안은 위험관리라는 차원에서 노인을 시설로 이주시키는 것으로 결정하게 하였다.

노인이 집에서 살아가는 것이 현실적으로 불가능하다면, 대안으로 집과 매우 흡사한 환경을 제공하는 것이 중요하다는 인식이 증대했다. 이를 뒷받침하기 위해 "에이징 인 플레이스"는 홈(home)과 하우스(house)의 구분 필요성을 제안했다. 하우스(house)라고 할 때 그것은 아파트, 주택, 요양원, 생활시설 등을 다 포함한다. 장소, 위치(location)만 있는 텅 빈 공간으로서의 하우스는 그 자체로는 거주하는 이에게 어떤 의미도 갖지 않는다. 반면 홈(home)은 그러한 공간이 거주의 과정을 거쳐 점차로 개인이나 집단의 정체성의 일부분이 되어 가는 것을 의미한다.

앞서 언급한 「마드리드고령화국제행동계획」에서는 "에이징 인 플레이스(AIP)"의 장소(place)를 "홈(home)"이 아닌 "하우징(housing)"으로 표현하고 있다. 그러다 보니 실제 "에이징 인 플레이스"를 위한 행동 강령도 "집"의 내밀한 의미를 회복, 유지시키는 데 초점이 있는 것이 아니라 "연령 친화적이면서 접근성 있는 주택 디자인"을 격려하는 등, 주로 고령의 장애에 안전과 편리를 보장하는 적합한 주거개선 전략에 집중되어 왔다(UN, 2002).

에이징 인 플레이스(AIP)가 성공하기 위해서는 장소를 홈의 의미로 받아들여야 함이 주장되었다. 홈(home)은 하우스(house)와 달리 외부 공격으로부터의 피난처, 휴식처 이상의 의미를 갖는다. 그것은 표현적이고 발달적 기능을 제공한다. 집은 자신의 표현이자 그 자신의 영토이며, 지역사회에 내린 닻이다. 집은 단순히 물리적 장소가 아니다. 내가 아는 한 어르신은 60년 이상 외국 출장을 포함하여 항상 많은 시간을 아내와 함께했다. 80세의 나이에 이른 그는 아내와 함께 있는 곳은 어디든 그곳이 자신의 집이라고 했다. 물리적 장소로서, 물리적 건물로서, 터로서의 집이 아니라 아내가 있는 곳이면 그곳에서 안정과 평온을 느끼고, 그러한 곳이 곧 자신의 존재감을 확인할 수 있는 집이라는 것이다. 집은 인간이라는 존재가 세계와 관계를 맺는 방식이자 인간의 실존이 이루어지는 생활세계임을 증명하는 셈이다.

부득이하게 장애나 노령으로 인해 개인의 자율성이 보장되지 않는 시설에서 생활해야 할 때 시설은 하우스가 아닌 홈으로 경험되어야 한다. 노인들은 시설에서 자기만의 공간을 확보함으로써 자신의 존재양식을 지속시켜 나갈 수 있다. 필립 아리에스와 조루주 뒤비가 펴낸 『사생활의 역사(4)』를 보면, 노인을 돌보는 시설종사자의 눈에는 하잘것없이 보이는, 심지어는 폐기처분 되어야 할 물건들이 노인들에게는 떠나온 자신의 집으로 재구성됨으로써 장소 정체성이 유지되는 것이다.

자기 침대 뒤에, 또는 방 한구석에 누더기 옷이나 오래된 식기, 금이 간 도자기 등의 물건을 쌓아두지 않게 하려고 그들과 끊임없이 싸워야 했다. 이런 쓸모없는 물건들이 그들 눈에 소중하게 여겨진 것은 단지 양로원에 속한 옷이나 가구가 아니고 그들에게 속한 물건이라는 사실뿐이었다. 그리하여 이런 물건을 한데 모아 일종의 '자기 집'을 구성하게 되는 것이다.

필립 아리에스, 조루주 뒤비 편. 2010, p. 464.

이렇듯, 자신의 삶이 유지되어 온 장소를 부득이한 사정으로 떠나올 수밖에 없는 노인들은 기억 속의 장소를 그들의 남은 소유물로 다시 재구성함으로써 시설 안에서 장소 정체감을 유지하려고 한다. 그들에게 장소 정체감은 살아 있음을 확인하는데 필수적인 것이다. 집 안 곳곳에 놓여 있던 손때 묻은 물건들은 단순히 아끼는 물건으로서의 의미만 갖는 것이 아니다. 그 물건들은 가장 근본적인 기억 속의 '장소'로서 삶의 정체성을 다시 일깨우고 생명에의 의지를 유지시켜 주는 역할을 한다. 따라서 가구나 가족사진 같은 노인 개인에게 의미 있는 물품들은 과거의 친밀한 관계와 가족의 연결망을 일깨우는 것들이므로 양로시설이나 요양병원에 가져오도록 허용하는 것은 매우 중요하다(우국희, 2014). 이-푸 투안(2011)은 물건도 장소가 될 수 있다고 주장하면서 사회적 세계와 활동범위가 축소된 노인들에게는 개인적 소유물이 더욱 중요한 장소의 의미를 갖는다고 보았다.

개인적 소유물은 아마도 노인들에게 더욱 중요할 것이다. 노인들은 기획하고 행동함으로써 자아감을 얻기에는 너무나 지쳐 있다. 그들의 사회적 세계는 축소되고, 이와 함께 좋은 행동을 할 기회도 축소된다. 또한 노인들은 몸이 너무 약해서 정다운 추억을 간직하고 있는 곳을 방문할 수 없을지도 모른다. 개인적 소유물—오래된 편지와 가족용 의자—에는 그 주변을 배회하고 있는 위안과 과거 시간의 향기가 남아 있다.

이-푸 투안. 2011, p. 299.

제6장 에이징 인 커뮤니티 (Aging in Community) — '장소'가 아닌 '관계'에 집중하다

2000년대 들어서자 "에이징 인 플레이스"가 장소로만 그 효과를 충분히 이끌어 낼 수 없다는 비판적 인식이 증대하였다. 시설을 집과 같은 장소로 만들기 위한 시도에도 불구하고 여전히 대부분의 노인들은 시설을 혐오했다. "진정한 의미의 웰빙은 삶의 터전의 건강성이 보장되는 것"(김동윤, 2007 : 126)이라 할 때, 그 건강성은 장소 정체성의 지속성 위에 기반 한다. 본질이 빠진 외형만 "장소"로 만든다고 하여 "진정한 장소"가 되는 것은 아니었다. 시설은 홈(home)이 아니었으며, 여전히 하우스(house)에 불과했다. 하우스를 홈의 의미로 되살려내는 것은 거의 성공적이지 못했다.

AIP에 대한 환호가 식어가고 있다 하지만, 노인의 삶의 질, 노인의 장소 정체성을 알게 된 이상 AIP를 무시할 수도 없게 되었다. 존엄하고 인간답게 살아갈 권리를 보장하기 위해서는 노인들의 최소한의 바람이자 권리인 '에이징 인 플레이스'가 포기되어서는 안 된다. 익숙한 장소에서 계속 살아갈 수 있기 위해서는 구체적으로 무엇이 전제되어야 하는가? 더 이상 자신의 집에서 살아갈 수 없는 노인들에게는 이러한 가치가 포기되어야 하는가?

노화가 진행될수록 건강이나 기능이 나빠지는 것은 누구에게나 닥치는 자연의 순리이다. 그러한 순간에 가족의 행복을 위해 자신의 삶의 가치를 포기하는 것이 노인의 미덕으로 받아들여지는 시대는 지났다. 그 반대로 노인이 자기 가치를 유지하고 그들이 원하는 장소에서 계속 살 권리만을 주장한다면, 그 희생은 오롯이 가족의 몫이 된다. 노인도, 그의 가족도 그들의 행복을 희생할 수 없다.

2010년 『분노하라!』로 '분노 신드롬'을 불러일으킨 프랑스 지식인이자 사회운동가인 스테판 에셀(Stephane Hessel, 1917~2013)은 "노인은 행복할 의무가 있다"고 말한 바 있다. 우리는 보통 노인은 행복할 권리가 있다고 말함으로써 노인의 복리는 사회 구성원의 책임임을 강조한다. 그러나 스테판 에셀은 노인의 행복은 그 책임이 노인 자신에게 있음을 강조한다. 그가 그렇게 말한 이유는 다소 역설적이다. 노인이 행복해야만 그 가족과 주변 사람들이 행복한 삶을 영위할 수 있기 때문이다. 노인이 만일 병들어 돌봄이 필요한 상황이 발생하면 노인의 가족은 비상상황으로 돌입하며, 그 자녀 가족에 위기가 찾아온다. 노인은 자기 자신의 행복을 주장하기도 어려운 시대에 살고 있다. 그들의 행복은 독립적이고 권리적인 것이 아니라 가족 행복, 사회의 행복과 연결된 시대에 살고 있다. 스테판 에셀의 말은 강제로 행복을 권유받는 노년의 비극적 현실을 역설적으로 표현한 것이다.

> 노인은 행복해야 할 책임이 있다는 말을 강조하고 싶다. 나이 든 사람은 절대로 불행하면 안 된다. 젊은 사람에게 부담을 주기 때문이다. 이게 말은 쉽지만 실행하기는 그리 만만하지 않다. 하지만 노년이 차츰 당신을 덮치고 때려눕혀도 당하고만 있지 않겠다고 마음먹어야 한다.
>
> 콜레트 메나주. 2013, p. 25.

노인은 자신이 원하는 삶을 살기 위해서는, 달리 말해 자유로운 삶을 마지막까지 누리기 위해서는 행복해야 할 의무를 다해야 하며, 의무를 이행하기 위해서는 노인 개인과 가족의 영역을 넘어서는 사회적 능력이 요구된다. 최근 에이징 인 플레이스(AIP)를 "자신이 선택한 거주지에서 계속 살아가기"가 아니라 "자신이 선택한 거주지에서 계속 살아갈 수 있는 능력"으로 고쳐 이해해야 한다는 주장이 그것이다. 캐나다, 호주 등의 나라에서는 AIP를 "나이, 소득, 능력 수준에 관계없이 자신의 집과 지역사회에서 편안하고 독립적으로 안전하게 남아 있을 수 있는 능력"(Bacsu, et al., 2014)으로 정의하고 있다.

"자신의 집과 지역사회에서" "편안하고 독립적으로 안전하게 살아갈 수" 있기 위해서는 "능력"이 전제되어야 한다. 여기서 "능력"은 노인 개인의 능력을 의미하는 것이 아님은 그 앞의 문구를 통해 이해될 수 있다. 즉, "나이, 소득, 능력 수준에 관계 없이"라는 표현은 개인이 보유한 능력에 초점을 맞추고 있지 않음을 명확히 한 것이다. 그렇다면 "에이징 인 플레이스"를 가능케 하는 능력은 무엇인가?

능력(ability) 개념은 에이징 인 플레이스를 현실에서 가능케 하는 구체적 방법에 관련되어 있다. 노인이 원하는 장소에서 살아가는 것이 중요한 것이 아니라 그러한 장소에서 독립적으로, 편안하고 또 안전하게 살아갈 수 있는 것이 중요하다. 그러한 능력은 지역사회의 지지와 자원에 달려있다. 노인이 원하는 장소에서 살아가는 데 주택 및 주거환경이 중요하다는 것은 익히 알려져 있으나 최근에는 적절한 물리적 환경뿐만 아니라 공동체의 지원이 중요하다는 인식이 높아지고 있다. 공동체의 지원과 정부의 행·재정적 지지가 뒷받침되어 있지 못하다면, 에이징 인 플레이스는 신기루에 불과한 것이다.

「고령화 국제행동계획과 노인을 위한 유엔원칙(International Plan of Action on Ageing and United Nations Principles for Older Persons)」에 따르면, "주거환경은 정부, 지방정부 민간단체의 지원 아래 노인들이 원한다면 그들에게 익숙한 지역에서 계속 살아갈 수 있도록 도와야 한다. 그러한 곳은 노인들이 오랫동안 참여하여 온 지역사회이거나 그들이 풍부하고 정상적이며 안전한 생활을 영위할 기회가 있는 곳"임을 명시하면서, 노인들이 익숙한 지역에서 계속 살아갈 수 있도록 정부나 민간단체는 노인의 능력에 적합하도록 주택과 적응환경을 복구 및 개발하는 법령을 마련해야 함을 주문하였다(보건복지부, 2000).

노인이 혼자 스스로 살 수 있기 위해서는 과학기술 영역에서의 발달도 점점 중요해지고 있다. 실제로 e-커뮤니케이션, 텔레케어(telecare), 화상회의(videoconference)를 통한 통증처치(pain management) 등의 기술 발달은 "에이징 인 플레이스" 이념의 실현을 촉진시켜 왔다(Vasunilashorn, Steinman, Liebig & Pynoos, 2012 : 4). 무인자동차, 돌봄 로봇이 개발, 활용되고 있다. 실제 연구단계를 지나 고령층을 대상으로 판매 및 활용되고 있는 노인돌봄 제품으로는 반려동물 돌봄 로봇이 있다. 미국의 로봇회사 톰봇(Tombot)은 반려강아지 로봇 제니를 만들었는데, 2025년 현존하는 강아지 로봇 중 실제와 가장 비슷한 것으로 알려져 있다. 혼자 사는 고령층이나 경증치매 노인에게 따뜻한 애착을 제공하여 외로움을 해소하고 불안감을 감소시키는 데 도움을 주고 있어 사용이 확대될 전망이라고 한다(김정근, 2021). 이러한 기술개발이 AIP를 위한 능력을 뒷받침해 줄 수 있다.

능력은 또한 사회적 관계에서 나오는 힘을 의미한다. 관계에 초점을 둠으로써 에이징 인 플레이스의 현실적 난제를 해결하고자 하는 그룹들이 있다. 이 부류의 학자들은 "에이징 인 플레이스(AIP)"에서 "에이징 인 커뮤니티"로 나아가기를 제안한다. AIP가 등장하던 초기에는 장소(place)가 노인이 살아온 집(home)을 의미했으나 최근에는 집의 범위를 넘어서 이웃사람, 지역사회 공동체로 확대될 필요가 있다는 것이다. 장소가 지리적 범위에 국한되지 않고 상호의존적인 삶의 방식을 자발적으로 공유한 소규모 공동체를 의미함에 따라 이 의미를 보다 정확히 전달하는 것은 "에이징 인 커뮤니티(aging in community)"라는 것이다.

"에이징 인 커뮤니티(aging in community)"는 2000년대 들어 등장하였으며, 토마스와 블랜차드(Thomas & Blanchard, 2009)는 이를 두고 "에이징 인 플레이스"를 계승한 개념이기는 하지만, 단순한 계승이기보다는 관심의 초점을 거주지(dwellings)에서 관계(relationships)로 이동시킴으로써 '시설 vs 재가'라는 이분법적 사고를 극복한 제3의 길(the third way)임을 주장하였다. 즉, "노후를 어디에서 지낼 것인가"의 문제가 아니라 "누구와 어떻게 함께 늙어갈 것인가"가 주요한 과제가 된 것임을 지적한 것이다(우국희, 2017).

관계가 중요하다는 주장이 장소의 의미를 퇴색시키는 것은 아니다. 장소는 공허한 빈 공간이 아니며 사람과의 관계로 채색되는 의미의 공간이기 때문이다. 단지 차이가 있다면 함께 살아갈 누군가가 이제 가족이나 혈육이 아니라 같이 늙어갈 수 있는 사람들, 그리고 그러한 사람들을 지지하고 도와주는 자연적 이웃이 아닌 인위적으로 구성된 이웃이라는 점이다. 이로써 장소로서의 집은 그들의 집이 위치하고 있는 공동체의 개념으로 확장되고 있음을 알 수 있다.

"에이징 인 커뮤니티"는 이미 다른 나라들에서는 구체적 형태로 개발되고 있다. 1990년대 영국에서 시작한 커뮤니티케어(Community Care)와 2000년대 미국에서 발달된 빌리지 모델(Village Model)이 그것이다. 2001년에 시작된 빌리지 모델은 미국에서 시작되어 현재 유럽 등 서구 사회로 확장되고 있으며, 커뮤니티케어는 영국에서 1990년대 발달된 정책 프로그램으로 고령화를 경험하는 대부분의 국가에서 노인들이 집을 떠나 살지 않도록 지역사회 기반 서비스를 확충하는 계기를 마련하였다. 빌리지 모델이 풀뿌리 조직 모델이라면, 커뮤니티케어는 사회서비스 모델이라고 할 수 있다.

1. 빌리지 모델(Village Model) : 풀뿌리 주민조직

빌리지 모델은 노인의 고립 문제에 반응하여 일어난 운동으로 미국에서 처음 시작되었다. 공공정책은 주로 저소득층 노인인구에 초점을 두고 있기 때문에 공적 프로그램을 이용할 자격이 없는 중산층 노인들을 위한 민간 주도의 전략이라 할 수 있다.

오늘날 많은 미국인들은 나이 들었을 때 살아갈 최상의 장소는 어디인가, 가족이 멀리 살거나 가족이 없을 때 누구에게 의지할 수 있는가 라는 질문을 한다. 이 같은 물음은 중산층 미국인들 사이에서 점점 늘어나고 있다. 1946년에서 1964년에 태어난 베이비부머 세대들은 높은 생활비용과 정체된 수입으로 고통받고 있는 세대이다. 특히 퇴직을 앞둔 사람들의 경우, 그들 부모 세대보다 미래가 더 암담하다고 느끼는 경향이 많다. 또한 베이비부머들은 이전 세대보다 혼자 살 확률이 높은 편이다. 베이비부머들의 20~25%가 자녀가 없다. 이러한 변화추세는 미국 미래 세대의 돌봄에 커다란 도전이 되어 왔다(Blanchard, 2013 : 7).

1999년 하버드 대학생들인 맥휜니-모스(McWhinney-Morse)와 그녀의 친구들은 노부모를 돌보는 문제에 관해 이야기하던 중 그것이 바로 그들 자신의 미래 문제임을 직시하게 된다. 그들은 자신들의 노후의 삶과 관련하여 모두 현재 살고 있는 도시에 그대로 계속 살기를 원한다는 사실을 알게 되었다. 그리고 현재의 노년 세대들과는 달리 베이비부머 세대인 그들은 독립적으로 계속 살기를 원하며, 더 활동적이고, 서로 연계되기를 원하는 경향이 있다. 이것이 가능하기 위해서는 현재의 사회서비스 모델과는 다른 형태의 지지나 도움이 필요하다는 사실을 깨달았다. 그들이 이상적으로 생각하는 노후를 지낼 장소는 더 많은 자유와 통제력이 보장되는 곳이어야 하며, 도움을 받기보다 서로를 돌보는 관계가 가능한 곳이어야 했다. 많은 숙고 끝에 사회서비스 모델이 아닌 지역사회조직 모델, 즉 회원중심의 풀뿌리 민간조직으로 나아가는 빌리지 모델을 채택했다.

맥휜니－모스(McWhinney－Morse)와 그녀의 친구들에 의해 시작된 빌리지는 매사추세츠 보스톤에 위치하고 있는 '비컨 힐 빌리지(Beacon Hill Village)'로서, 회원들이 직접 빌리지를 운영하고, 서비스 제공방식을 디자인하고, 재원은 회비와 기부금으로 충당하며, 비영리조직으로 운영하는 방식으로 시작했다. 즉, 풀뿌리 민주주의, 소비자 주도주의, 자원봉사자 모델이 그 특징으로, 자원봉사자들은 이 모델의 핵심 인력으로 이동, 쇼핑, 허드렛일, 정원관리, 가벼운 가사일 등의 일을 행한다. 비컨 힐 빌리지(BHV)는 몇몇 이웃 동네들끼리 일종의 지역 협동조합을 만들어 노인들이 계속 자기 집에서 생활할 수 있도록 돕는 각종 서비스를 비싸지 않은 가격에 제공하였다. 거기에는 배관 수리부터 세탁물 서비스에 이르기까지 다양한 일들이 포함되어 있었다(아툴 가완디, 2015 : 216).

BHV는 마을 간의 네트워크 파트너십을 통해 85개의 마을을 추가로 오픈시켰으며, 2010년경 35개 빌리지에서 2022년에는 미 전역에 270여 개의 빌리지가 운영 중이다(백지혜 · 류병주, 2024 : 86). 처음에는 도시에서 출발했지만 점차 교외 지역으로, 농촌 지역으로 확산되었다. 지속적으로 빌리지가 계속 개발 중이라는 점 때문에 빌리지는 현재 빌리지 운동(Village Movement)으로 불리고 있다.

빌리지 운동은 상호 영감과 정보를 제공하는 빌리지 네트워크(Village to Village Network : VtV)에 참여한다. 빌리지 모델은 개별 빌리지의 독자 운영에 머물지 않고 빌리지 간의 파트너십과 네트워크 구축을 궁극적 목표로 하고 있다. 가족과 친지들에게 의존하지 않고 그들 자신의 집에서 계속 살 수 있기를 원한 주민 집단으로서 출발했던 것이 이제는 범국가적, 범세계적 운동으로 발전되고 있는 것이다.

빌리지 운동의 원칙은 간단하다. 노인시설로 들어가기 위해 자신이 살던 집과 마을을 떠나야 하는 것을 막고, 가능한 한 오래 자신의 집에 남고자 하는 사람들의 욕구를 지지하는 비영리 조직으로 운영되는 빌리지는 보통 도시에서는 한 블록 거리 정도, 농촌 지역에서는 20마일의 거리 범위를 의미한다. 대부분의 빌리지는 150명에서 200명 사이의 회원으로 구성된다. 빌리지(Village)는 지역사회 서비스 제공자들이 아닌 소비자들이 중심이 되고, 서비스 요금이나 정부 보조금이 아닌 회원들의 회비로 재정이 충당된다는 점이 공적 커뮤니티케어나 자발적 은퇴공동체와는 차이가 있다(Blanchard, 2013).

이 모델은 노인이 존엄성을 누리면서 그들 자신의 집에서 계속 살아갈 수 있도록 숙련된 전문가, 가족, 자원봉사자들이 하나의 네트워크를 구성한다. 이 네트워크는 친구와 이웃들을 강조하는 새로운 공동체주의적 접근의 하나로서, 이것이 "에이징 인 커뮤니티(aging in community)"라는 새로운 패러다임을 이끌었다. 이는 그들의 복리와 삶의 질을 향상시키고, 그들 자신의 집과 지역사회에서 노화 과정을 겪기 위한 상호지지와 돌봄 체계를 창조하고자 함께 모인 비슷한 생각을 가진 시민운동이다.

빌리지 모델을 구성하는 요소들에 대해 살펴보면 다음과 같다. 먼저 회원이다. 다른 사회운동과는 달리, 이 집단의 구성원들은 대부분 60대와 70대에 시작한다는 점이 특징이다. 더 의존적이 되기 전에 나이 드는 새로운 방식을 찾고자 하는 사람들이 함께한다. 회원 자격은 별도의 기준이 없다.

빌리지 내의 서비스 범위는 매우 다양하다. 자원봉사자들은 빌리지 개념에 있어 또 다른 주요한 요소 중 하나이다. 모든 공동체가 자원봉사자들에 의존하며, 2012년 기준으로 평균 96명의 회원이 있다면 유급 직원은 거의 한 명으로, 대부분의 일은 자원봉사자들이 수행하는 것으로 나타났다. 대부분의 자원봉사자는 빌리지 회원으로, 정보 제공이나 의뢰, 방문건강보호, 교통서비스, 가사일 원조, 사회활동 및 교육활동에의 접근 원조 등이 일반적이며, 그 외 가구 배치나 이동을 돕는 일도 간혹 제공된다. 이러한 활동은 사회적 고립을 감소시키며, 시설에 입소하지 않고 지역사회에 계속 살 수 있다는 자신감을 심어주는데 기여한다.

재정은 회비가 주이며, 1인당 연 $150에서 $500까지 다양하며, 전국 평균 연회비는 약 $429인 것으로 나타났다. 주로 중산층 이상의 회원들로 구성되어 있으나 연회비 할인을 통해 소득과 상관없이 누구나 가입할 수 있도록 지원하고 있다(백지혜 · 류병주, 2024 : 86). 회비는 주로 서비스 메뉴나 행정운영비 등에 지출된다. 그러나 빌리지 모델은 구성원의 회비가 재정의 주요 출처가 되다 보니 재원이 불안정하여 장기적 지속성에 문제가 종종 발생했다. 이미 몇몇 빌리지들은 문을 닫거나 중도에 개발을 포기한 사례가 있었으며, 자금과 조직 기능 면에서 어려움을 겪는 경우가 있다(Scharlach, Graham & Lehning, 2012).

빌리지는 지리적 실체로서의 전통적인 지역사회 개념에 초점을 둔 것이다. 그래서 빌리지 모델은 혁명적인 것은 아니다. 그러나 이 운동은 혁신을 포함한다. 지역사회 중심의 생활, 자원봉사주의, 개인적 통제력의 유지, 민주주의적 가치, 풀뿌리 주민조직 등의 아이디어를 "에이징 인 플레이스"에 결합한 새로운 노년의 모습을 창조했다고 볼 수 있다.

"태도가 변하고 있다. 사람들은 늙고 아프고 고립되기를 원하지 않는다. 그들은 대안을 찾고 있다. 베이비부머들은 독립적으로 계속 살기를 원한다. 그들은 더 활동적이길 원하고 서로 연계되기를 원한다. 이는 그들의 주거 선택에도 반영되고 있다" (텍사스 대학 사회학 교수 Debra Unberson. The Washington Post. 2014. 2. 6). 빌리지는 솔로 여행이 아니라 나이 들어감에 따라 서로를 지지하는 친구와 이웃을 강조한다.

2. 커뮤니티케어(Community Care) : 사회서비스 모델

커뮤니티케어는 이념이면서 동시에 정책 슬로건이자 정책 지침이다. 유럽 국가 사이에서는 "에이징 인 플레이스"보다 "커뮤니티케어(community care)"라는 용어가 선호되어 왔다. 커뮤니티케어는 1980년대 영국을 중심으로 시설보호의 대안으로 발달된 것으로, 모든 노인들이 시설보다는 일상적으로 생활해 온 그들의 집과 동네[1])에서 살기를 원하며, 그러할 때 노인의 삶의 질과 존엄성이 높아진다는 AIP 이념과 맥을 같이한다.

1960년대 시작된 탈시설화 운동의 결과 장기보호시설과 병원의 대대적 감축이 있었다. 시설보호의 부작용에 대한 보고의 증가, 정신의약물의 발전, 노멀라이제이션 이념 등은 대규모 장기보호시설의 폐쇄를 초래했다. 영국의 경우, 1960년대 보건부 장관이 정신병원 병상 수를 20년 내에 2만 병상 이상 줄이는 것을 목표로 선언한 뒤, 1963년 "커뮤니티케어(community care)" 라는 정부 백서를 출간한 것이 커뮤니티케어가 공식적으로 등

1) 동네란 물리적으로 경계되는 객관적 실체가 아니라 주관적으로 정의되는 것으로, 그곳에 사는 사람들에게는 집을 나서서 돌아다니는 일대를 가리킨다. 과거 동네의 영역은 당연히 걸어서 갈 수 있는 곳, 이 공간에서는 누구나 서로 잘 아는 사이를 의미했다. 동네라는 공간은 사적인 공간과 확연히 구분되지만 그렇다고 해서 사적 공간에 닫혀 있지는 않다. 그러한 공간은 사적 공간을 둘러싼 일종의 보호구역 역할을 해왔다. 동네는 사생활을 연장하고 지원하거나 제약하기도 하며, 공적 영역과 사적 영역 사이의 복잡한 이행 공간으로서 기능을 한다(앙투안 프로, 2006 : 169).

장한 배경이다.

지역사회 내에서(in the community)의 보호를 현실화하기 위해 1970년대 동안 시설을 대체할 지역사회 내 다양한 서비스가 개발되었는데, 일반의 진료, 방문간호서비스, 데이케어 시설, 그룹홈과 호스텔, 단기입원병동 등이 제공되었다. 이의 결과로 정신병원 입원 환자 수가 1971년 104,600명에서 1984년 69,030명으로 감소하였으며, 반대로 지역사회 내 주거시설은 1975년 4,145개소에서 1984년 5,564개소로 증가하였다(Lavender & Holloway, 1988).

초창기 커뮤니티케어는 강조점이 '지역사회 내(in the community)', 다시 말해 지역사회라는 장소(place)에 맞춰져 있었다. 과거 시설들은 대체로 지역사회에서 멀리 떨어진 외곽에 위치해 있었다. 대규모 시설과 정신병원 등에서의 비인도적이고 탈인격화된 보호를 지양하고, 지역사회가 갖는 장점인 환경의 친숙함에 기반 했다. 커뮤니티케어는 정신적, 신체적으로 취약한 노인들에게 그들 자신의 집과 유사한 환경을 제공해 주는 지역사회 내의 다양한 환경에서 독립적으로 생활할 때 개인적으로는 보다 존엄한 노년의 삶을 살 수 있고, 사회적으로는 비용 절감이라는 관점에서 시설보호의 대안으로 떠오른 것이다.

그런데 1980년대까지 발달된 커뮤니티케어는 지역기반 서비스의 확대를 통해 자신의 집에서 계속 살 수 있도록 하는 데 초점을 두었다기보다는 지역사회 내에 위치한 다양한 사적 시설들에서 보호받는 형태로 발전되었다. 영구적이든 임시적이든 주거 장소를 제공하는 형태의 서비스는 모두 시설서비스로 분류되는 경향이 있는데, 탈시설화 이후 나타난 커뮤니티케어는 대체로 노인이나 정신장애인이 자기 집에서 서비스를 제공받는 형태가 아니었다는 점에서 시설보호가 여전히 주류였음을 알 수 있다. 커뮤니티케어가 시설보호와 대조되는 것으로 사용되었으나, 전문화된 시설이나 소규모의 레지덴셜 시설(residential homes) 등 일부 시설 유형들이 커뮤니티케어의 구성요소로 포함되고 있었다.

1970년대 말 커뮤니티케어에서의 강조는 주로 건강 및 사회서비스에 대한 것이었다. 이때만 하더라도 영국은 사회서비스와 건강서비스(NHS)가 별도로 관리 운영되었다. 건강서비스는 중앙정부의 통제와 지방정부의 건강부서에서 운영하였다면, 사회서비스는 지방정부의 재원으로 운영되었다. 이러한 문제를 개선하고 복지와 보건 서비스의 통합 주장이 높아지자 커뮤니티케어 개혁 목소리가 높아졌다. 1989년 영국 정부는 백서 「Caring for People」를 발표하면서 재가서비스의 확대와 사례관리를 통한 서비스 질의 확보를 담보하는 개혁을 시작했다. 백서에 제안된 6가지 핵심 목적 중 첫 번째는 "재가보호, 주간보호, 단기보호를 개발, 촉진시켜 사람들이 가능한 한 그들 자신의 집에서 생활할 수 있도록 한다"였다(Department of Health, 1989). 초기 커뮤니티케어 정책은 대규모 시설은 폐쇄하되 지역사회 내에 소규모 시설들을 확충하는 방향에 맞춰져 있었다. 즉, 대규모 공공시설 감소를 보충하기 위해 소규모 민간시설의 확충을 유도했던 것으로, 이 백서의 발표로 시설이 아닌 그들 자신의 집에서 독립적으로 살 수 있도록 재가서비스의 발달을 촉진시키는 방향으로의 전환을 의미했다(우국희, 2016 : 35). 이와 함께 건강서비스와 사회서비스의 조정 및 통합과 더불어 주택을 주요 차원으로 간주하기 시작했다.

1990년대 이후 등장한 "신 커뮤니티케어(new community care)"는 주거서비스와 주택 관련 프로그램을 커뮤니티케어의 핵심에 두었다. 주택을 정책의 우선순위에 두게 된 계기는 「NHS & 커뮤니티케어법(NHS & Community Care Act)」(1990)의 제정으로, 이 법 제정의 주된 목적은 다양한 커뮤니티케어 서비스를 받으면서 가능한 한 노인들을 그들 자신의 집에서 오래 살 수 있도록 하는 것이었다. 이 법의 제정은 지난 20여 년 동안 전개되어 왔던 커뮤니티케어 정책의 새로운 출발을 의미했다. 초기 커뮤니티케어 정책은 대규모 시설은 폐쇄된 지역사회 내에 소규모 시설들을 확충하는 방향에 초점이 맞춰져 있었다. 커뮤니티케어 정책의 원래 목적과 다르게 재가보호에 대한 지원보다 지역사회 내 시설보호를 확대하는 데 더 많은 공적 자금이 투입되었다는 반성이 커뮤니티케어 정책의 방향 전환을 가져온 이유 중 하나였다. 시설이 아닌 그들 자신의 집에서 독립적으로 살 수 있도록 재가서비스의 발달을 촉진시키는 방향으로 전환됨에 따라 커뮤니티케어의 구조에 거대한 변화가 일어났다.

1990년대 이후 개인의 집이 커뮤니티케어의 핵심 요소이자 독립된 생활의 중심이 되었고, "지역사회 내(in) 어디에서 살 것인가"에 대한 논의가 점차 "자신의 집"으로 수렴되기 시작했다. 요양원, 주거시설, 보호주택(shelthered house)이나 호스텔과 같은 새로운 장소로의 이동이 아니라 자신의 집에 남아있고자 하는 사람들의 소망을 반영하여 그들의 집에서 살아갈 수 있도록 하는 것이 목적이 되었으며, 이를 위한 사회적, 기술적 지원체계가 마련되기 시작하였다. 1992년에 자기 집에서 그냥 살고자 하는 노인들을 돕는 안내서 「Housing and community care」가 발간되었으며(Tinker, 1996, 홍형옥·지은영, 2004 재인용), 이에 따라 노인은 핸드레일, 알람시스템, 문턱제거 등의 집 개조 정도로도 그들 자신의 집에서 더 잘 생활할 수 있을 것이라 기대되었다. 이는 당시 제출된 영국 정부 문서에서도 찾아볼 수 있다. 1990년대 정부 문서에는 "적절한 주택은 커뮤니티케어에서 주요한 역할을 한다", "정부는 사회서비스국과 보건당국이 주택협회와 협력적 관계가 되기를 희망한다", "주택연합회나 민간주택업체와의 협력, 주거개선사업을 지원한다"는 등, 커뮤니티케어를 가능케 하는 데 있어 주거 관련 서비스와 프로그램의 역할에 대한 언급이 빈번히 나타났다. 이러한 움직임은 커뮤니티케어에서 주택을 점점 중심에 두게 하는 결과를 낳았다(Bochel, Bochel & Page, 1999).

히긴스(Higgins, 1989)는 커뮤니티케어 개념이 모호하다는 점을 들어, 홈(home)이라는 개념을 사용하여 "in a home", "from home", "at home"이라는 세 가지 범주로 유형화한 바 있다. "in a home"은 병원, 호스텔, 요양원과 같은 지역사회 내에 위치한 시설 내에서의 보호를 의미하며, "from home"은 단기보호나 주간보호와 같이 집밖의 이용시설에서의 보호를, "at home"은 말 그대로 자신의 집에서 제공받는 재가보호를 의미하였다(Tester, 1996 : 8 재인용). 히긴스가 세 가지 유형 모두에 "home"이라는 용어를 사용한 이유는 커뮤니티케어가 "가정이나 가정과 유사한 환경을 갖는 시설에서의 보호[in their own homes, or in "homely" settings in the community(HMSO, 1989 : 3)]를 의미하는 데 착안한 것이라 추측된다. 여하튼 히긴스의 분류에 따를 때 1990년 「NHS & 커뮤니티케어법(NHS & Community Care Act)」이 제정된 이후의 소위 "신 커뮤니티케어(New Community Care)" 정책은 "시설(in a home)"에서 "재가(at home)"로의 전환을 가져왔다. 홈(home)은 그 의미를 정의하기는 어렵지만, "개인의 시간이 자신의 것이 되는 장소"(Racino, et al., 1993, Bochel, Bochel & Page, 1999 재인용), 또는 "라이프스타일, 자기존중, 정체성"의 연속성을 가질 수 있는 장소, "사회적 관계가 협상되는 장소"를 의미한다.

집에서의 삶과 돌봄이 가능하기 위해 서비스가 제공되는 다양한 주택 유형이 등장했다. 이는 주거플러스 서비스(housing plus services), 서비스 통합주택(service integrated housing), 하우징

케어(housing care) 등으로 지칭된다. 서비스가 지원되는 주택, 즉 하우징 케어는 돌봄이 필요한 노인들이 한 건물 내 또는 인접 건물에 거주하면서 필요한 서비스를 제공받는 주거과 돌봄이 통합된 유형으로, 개별적이고 자율적인 삶을 보장하면서 돌봄이 필요한 경우 서비스를 이용할 수 있게 됨에 따라 에이징 인 플레이스의 실현 가능성을 높이고 있다(김유진 · 박순미 · 박소정, 2019).

3. 지역사회통합돌봄(노인 커뮤니티케어) : 서비스 결합 주택 모델

커뮤니티케어(community care) 정책은 우리나라에서 "지역사회통합돌봄" 정책으로 지칭된다. 학문적으로는 이미 1990년대부터 커뮤니티케어로서 소개되어 왔지만, 순 우리말화하여 정책 브랜드명이 된 것은 비교적 최근의 일이다.

2019년 지역사회 중심 혁신정책으로 제안된 "지역사회통합돌봄(커뮤니티케어)"이란 "돌봄이 필요한 주민(노인, 장애인, 정신장애인 등)이 살던 곳(자기 집이나 그룹홈 등)에서 개개인의 욕구에 맞는 서비스를 누리고, 지역사회와 함께 어울려 살아갈 수 있도록 주거, 보건의료, 요양, 돌봄, 일상생활의 지원이 통합적으로 확보되는 지역주도형 정책"을 의미한다(보건복지부, 2020).

“지역사회통합돌봄”은 기존의 복지서비스와 보건의료서비스의 통합에서 한 걸음 더 나아가 주택을 핵심 요소로 포함시킨 것이 특징적이다. “주택과 서비스의 만남”으로 표현되는 이 정책은 정부와 사회가 주택을 돌봄(케어)의 중요한 자원으로 인식하기 시작했음을 보여주는 것이다(김유진 · 박순미 · 박소정, 2019). 과거에는 장애 수준에 따라, 돌봄 욕구에 따라 노인들이 집에서 시설로, 시설에서 시설로 옮겨 다니는 식이었다면, 지금은 주택을 노인의 욕구에 맞추어 설계하여 노인이 거주하는 바로 그곳에서 필요한 서비스를 받으면서 계속 살아갈 수 있게 하는 것을 목표로 하고 있다.

2018년 3월 보건복지부는 커뮤니티케어 추진본부를 설치하고 같은 해 11월 정부는 지역사회 내에서 ‘주거’, ‘의료’, ‘요양’, ‘돌봄’의 통합적 서비스를 제공하는 지역사회통합돌봄(community care)을 핵심으로 하는 「지역사회통합돌봄 기본계획」을 발표하였다. 「제4차 저출산 · 고령사회 기본계획(2021~2025)」에는 “나이가 들어도 살던 지역에서 계속 거주(aging in place)가 가능하도록 지역사회 전반의 고령친화적 주거 · 도시 환경을 구축하고, 동시에 집이나 살던 지역에서 계속 거주(aging in place)할 수 있도록 2025년까지 모든 지역에 지역사회통합돌봄 체계를 완비하는 것”을 목표로 하였다(대한민국정부, 2020).

이 로드맵에 따라 정부는 지역 실정에 맞는 케어안심주택 모델을 찾기 위해 2019년부터 2년간 선도사업을 실시했다. 정부는 처음부터 '시범사업'이 아닌 '선도사업'으로 추진하였는데, 시범사업은 중앙정부에서 사업지침을 마련하여 이를 잘 시행할 수 있는 지방자치단체에 사업을 시행하게 하는 것인 반면, 선도사업은 중앙에서 내려진 세부 지침 없이 지방자치단체가 자체적으로 지역주민의 욕구를 확인하여 필요한 서비스를 개발하는 지역주도형 사업으로, 이 사업이 전국 지방자치단체에서 보편적으로 시행되는 것을 목표로 한다(보건복지부 커뮤니티케어 추진본부, 2020 : 81).

지역사회통합돌봄 선도사업은 2019년부터의 1차년도 사업에서 8개 지역의 시군구에서 처음 시작된 이후 2022년 4차년도 사업까지 16개 지역의 시군구(노인 대상 모델 13개, 장애인 대상 모델 2개, 정신질환자 대상 모델 1개)에서 추진되었다. 처음에는 대상자를 노인, 장애인, 정신질환자 등으로 구분하여 각 지역별로 특정 대상자에 입각한 사업을 전개하였으나 2023년 7월부터는 노인에게만 초점을 맞춘 시범사업, 즉 "노인 커뮤니티케어"가 별도로 시행되고 있다. 법 정비 작업도 진행되어 2024년 2월 29일 「의료・요양 등 지역돌봄의 통합지원에 관한 법률(약칭 돌봄통합지원법)」이 국회를 통과하여 2024년 3월 26일 최종 제정되었으며, 2년 뒤인 2026년 3월 27일부터 시행될 계획임에 따라 전국적으로 케어안심주택이 보편화될 것임을 알 수 있다.

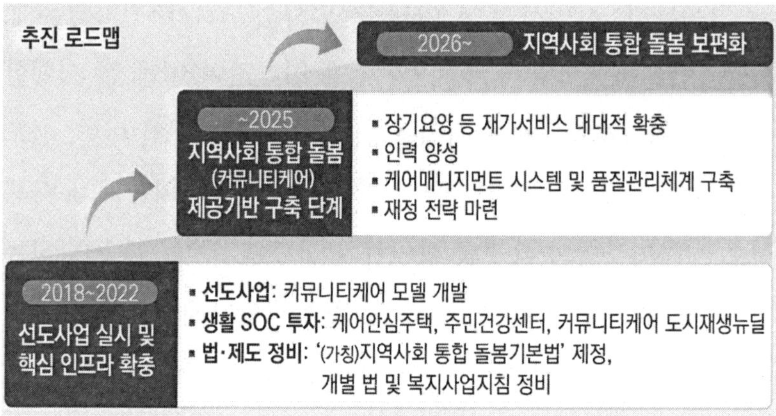

출처 : 보건복지부(2019). 2019년 보건복지부 주요업무 추진계획, p. 20.

정부는 "지역사회통합돌봄"의 핵심 요소로서, '주거지원 인프라 대폭 확충', '방문건강 및 방문 보건의료 실시', '재가 장기요양 및 돌봄서비스 획기적 확충', '민, 관 서비스 연계 및 통합'을 내세우고 있다(보건복지부 커뮤니티케어 추진본부, 2020). 이 중 혁신적이라 할 수 있는 주거서비스로서 케어안심주택, 주택개조서비스를 제시하고 있는데, 이는 노인이 이주하지 않고 자신의 집에서 살아갈 수 있게 하기 위한 가장 기본적인 전략이다. "우리나라는 다른 나라들과 비교해 아파트 거주 비율이 상대적으로 높고, 노인들이 거동이 불편해지더라도 현재 살던 집에 계속 거주하고 싶어 하는 선호가 강한 특성이 있다는 점을 고려하여, 아파트를 신축하거나 재건축할 경우 노인 관련 부대시설의 설치가 장려될 수 있도록 제도를 개선하고, 식사, 청소, 건강관리 서비스 등 현재 요양시설에서 받을 수 있는 서비스를 노인들이 거주하고 있는 집에서도 제공받을 수 있도록 하기 위해 민간 기업들과의 협력을 추진하고 있다"(저출산고령사회위원회 보도자료, 2024. 10. 29).

케어안심주택은 주거와 돌봄이 통합된 서비스결합주택으로, 영국에서는 보호주택(sheltered house), 미국이나 유럽의 경우 지원주거시설(assisted living facility), 혹은 지원주택(supportive house)으로 불리고 있다. 2019년 이후 정부와 지방자치단체들에서 케어안심주택을 표방하는 프로그램의 실행이 많이 나타나고 있는데, 현재 추진되고 있는 케어안심주택은 해당 지방자치단체가 공공임대주택(LH 매입 임대주택과 영구임대주택, 지방공사 매입임대주택 등)을 확보해 케어안심주택으로 활용하는 형태이다. 적게는 10여 가구에서 많게는 30여 가구로 구성된 공동주택으로, 개인적인 공간을 유지하고 동시에 공동의 시설을 공유하는 구조로 구성되고 있으며, 지원되는 서비스로는 찾아가는 보건의료서비스, 맞춤형 집수리지원 및 주거위생환경 조성, 일상생활지원, 병원 등 이동지원, 복지서비스 연계, 독거노인 스마트안심 지원 서비스 등을 사례관리와 결합하여 제공하는 것으로 설계되었다.

현재 시행되고 있는 지방자치단체별 케어안심주택의 유형을 살펴보면, 각 지역의 욕구에 따라 주거형, 주거와 임시거소(중간집) 통합형, 임시거소형(중간집) 세 가지 유형으로 대별될 수 있다. 여기서 특징적인 점은 중간집(halfhouse)의 형태인 임시거소형이다. 일반적 주택매입 또는 임대가 아니라 "중간주택의 형태"로 운영하는 "임시거소형"은 병원 퇴원 후 재활 및 돌봄이 필요하나 가정 내 돌봄자원이 없는 자, 요양병원 장기입원자 중 지역사회복귀를 위한 일상생활 훈련이 필요한 자, 거주지 무장애 공사(질환 및 부상가구)로 인한 임시주거가 필요한 자 또는 수일에 걸쳐 통원치료를 요하는 노인들에게 임시 거처를 제공하는 것을 목적으로 하는 주거 형태이다. 최근 전라남도 여수의 "포근휴" 같은 경우는 섬 주민들의 의료서비스 접근에의 어려움에 초점을 두고 개발된 새로운 임시거소형이다. 즉, 섬 주민들은 병원치료를 위해 제주도나 육지 도시로 나와야 하며, 필요한 경우 진료나 통원치료에 며칠이 걸릴 수 있다. 이 경우 섬 지역 주민들은 친지가 없는 경우 호텔이나 여관에 묵으면서 병원을 다니게 되는데, 이 경우 병원비용 외에 별도로 숙박비용이 많이 들어간다. 지방자치단체가 이러한 주민들의 지역적 특성으로 오는 불리함을 해소하는 데 초점을 두고 개발한 것으로, 섬 지역의 특성을 반영한 좋은 사례이다. 지역별로 시행되고 있는 케어안심주택의 예는 <표 6-1>과 같다.

<표 6-1> 지방자치단체별 케어안심주택의 예

지방자치단체	주택명	주택 및 서비스 내용
안산 (시범사업)	보배케어안심 주택 외 2	• 주거형 • LH공사와 협약, 기존 노후주택 재건축, 현재 3호 케어안심주택 입주, 주택당 9~10가구로 구성 • 재택의료센터 운영, 방문주치의 사업, 맞춤영양서비스, 방문가사 서비스 등 총 27종 서비스 제공
서울시 마포 (2022. 12. 14)	서봄하우스	• 주거(임대형)와 임시거소 통합형 : 임대주택(21호) & 임시거소(2호) • LH와 지자체 임대계약 후 민간위탁 운영(사회적 협동조합)
대전 (2024. 6. 28)	늘봄채	• LH가 주택 매입 후 지자체에 주택 공급, 11가구 입주 • 지상 4층 규모의 12호 고령자주택
광주 (2021. 9. 1)	나은하우스	• 임시거소형(돌봄이 필요한 퇴원환자를 위한 단기입주형 주택) • 1명의 상주직원과 청년자원봉사자가 주·야간 안전을 살피며 여기에 AI시스템을 도입하여 24시간 안전돌봄서비스 제공
여수 (2024. 11. 14)	포근휴 (시범사업)	• 임시거소형(주택 2개소를 리모델링) • 의료돌봄이 필요한 75세 이상 퇴원·퇴소자 및 섬 주민 등을 대상으로 통원 치료에 어려움을 겪는 어르신 대상 • 최초 15일, 최대 45일 입주 가능 • 필요시 방문 진료, 가사 및 이동지원, 식사, 목욕 등 맞춤형 서비스 제공
부천 (2022. 6. 20)		• 임시거소형 • 퇴원은 하고 싶으나 주거가 없는 대상자에게 LH와의 협업을 통해 매입임대 주택을 전환·공급 • 지역사회 복귀를 지원하는 지역사회 통합돌봄 프로그램

김해 (2022. 4. 20)	가야이음채	• 주거형 & 임시거소형 통합형 • 지상 10층 규모로 2층에 식당과 휴게실, 건강검진실, 3층부터 10층까지는 37호의 개별 호실, 37가구 중 32가구는 원룸형으로, 임대료는 주변 시세보다 30% 정도 저렴한 편. 최초 2년 계약 후 최대 10년까지 거주 가능 • 나머지 5가구는 골절 수술 등 퇴원환자의 회복 지원을 위해 1~3개월까지 단기로 입주하는 중간집으로 활용할 계획
남양주시		• 임시거소형 • 병원이나 시설에서 퇴원한 노인들이 살던 곳으로 건강하게 복귀할 때까지 중간 거처 역할 • 주거보증금 마련해 새로운 터전(예를 들어, 영구임대아파트)을 준비시킴

출처 : 각 지방자치단체 홈페이지.

2026년 전국 지방자치단체 시행을 목전에 두고 있는 케어안심주택은 선도사업의 경험에서 드러나고 있는 문제점에 대한 시정, 보완이 필요하다. 가장 큰 문제는 신규 주택 확보의 어려움이다. 지방자치단체의 재정적 부담, 지역의 주택 건립 토지 부족으로 케어안심주택을 무한히 늘릴 수 없는 상황이다 보니 대체로 임시거소형 주택을 선호하는 경향을 볼 수 있다. 일부 지방자치단체에서는 신규 주택 매입이 어려운 점을 보완하여 노인이 현재 거주하는 집을 수리한 후 사회서비스를 연결해 주는 형태를 취하고 있다.

제7장
가상공간 : 에이징 인 플레이스의 또 다른 대안

더 이상 자신의 장소를 유지할 수 없는 상황이 다가왔을 때, 지금 우리가 할 수 있는 것은 체념뿐이다. 자기 몸을 스스로 건사하지 못할 때가 언젠가는 온다. 노인들에게 있어 가장 걱정거리가 바로 그러한 때가 다가온다는 것이다. 죽음이 두려운 것이 아니라 내 살과 뼈에 새겨진 장소가 뿌리째 뽑혀버리는 순간이 두려운 것이다. 병원이나 요양원, 시설에서의 마지막을 보내야 할 때가 그때이다. 아무리 내 집의 내 방처럼 꾸며놓는다 해도 내 집이 아니며, 함께해 왔던 친구와 친지들이 다 떠나버린 곳이다. 그곳은 장소가 아니다. "에이징 인 플레이스"가 멈추는 곳이다.

앞으로 노인이 될 세대는 에이징 인 플레이스를 포기하지 않으려 할 것이다. 그러나 방법이 있는가? 치매를 앓기 시작하면 사람들은 더 이상 그 사람의 장소감을 고려하지 않는다. 오직, 안전과 돌봄에 대한 관심뿐이다. 치매 노인에게는 장소 정체성이 없다고 생각하기 쉽다. 그러나 그들의 장기기억 속에 장소감이 더 깊숙이 남아 있을 수 있다. 진정한 장소는 물리적 실체가 아니라 몸속에 뿌리 깊이 내린 이미지로 나타날 수 있다.

현실의 장소가 지닌 영향력은 약해지고 이를 대체하는 가상의 장소가 우리 주변에서 더욱 흔하게 나타나고 있다. 이병수(2022)는 하루 동안 자신의 일상을 보내는 공간이 오프라인과 온라인의 세계 중 어디에 더 많이 기울어져 있는지 생각해 본다면, 인간 실존의 바탕이라고 생각하는 장소가 실종되었다고 충분히 여길 만하지만, 현재의 상황을 장소의 소멸로 보지 않고, 장소는 사라지는 것이 아니라 그 모습이 유동적으로 변하고 있는 것이라 보았다. 장소의 운명을 철학의 역사로 접근하여 살펴본 에드워드 케이시는 테크놀로지에 휩쓸릴 때조차 그 휩쓸림 덕분에 예기치 못하게 다시 장소로 되돌아가고자 하는 열망을 갖게 되며, 이는 장소의 다양성, 장소의 차이를 갈망하게 한다고 주장했다.

> 가장 결정적인 것은 지구 전체의 온갖 차이를 삼켜버리는 장소의 동일화로 인해—수많은 도시가 건축적으로나 상업적으로 거의 천편일률적이기 때문에 우리는 때때로 내가 어느 도시에 있는지 확신할 수 없는 지경에 이르렀다—인간이라는 주체가 장소의 다양성을, 즉 장소의 차이를 갈망하게 되었다는 점이다. (…) 하지만 장소에 대한 새로운 감각은 바로 이 환경, 즉 오늘날의 관점에서 이른바 '가상현실(virtual reality)'

이라고 부르는 '가상적인 장소'에서 출현한다. 가상적인 장소에 거주할 때 나는 내가 소통하고 있는 사람이나 내가 보고 있는 인물이 비록 물리적으로 현전하지 않지만 그럼에도 불구하고 얼굴을 맞대고 상호 작용하는 것에 버금갈 정도로 그들이 내 앞에 현전하고 있다는 뚜렷한 인상을 받는다. (…) 이와 같은 공현전(compresence)의 아늑함과 이산성(discreteness)은－비록 명확하지는 않다 해도 일정한 경계를 갖는다는 의미에서－장소의 진정한 현상이라 할 만하다(여전히 충분히 이해할 수는 없지만).

에드워드 케이시. 2016, pp. 21－22.

케이시는 과학기술의 발달이 전통적인 장소감과는 다른 가상현실이라는 가상적인 장소의 출현을 가져왔으며, 가상현실이 비록 물리적으로 대면하지는 않지만 아늑함이나 정서적 감정을 가질 수 있다는 의미에서 장소의 의미를 갖는다고 볼 수 있음을 제안하였다.

지금처럼 세상이 급변하는 시대에는 과학기술을 떼어놓고 생각할 수 없다. 디지털 매체는 전혀 다른 새로운 시공간의 탄생을 가능하게 했다. 특히 2019년 시작된 코로나19 팬데믹으로 인한 온라인 비대면 활동의 급증은 일상에서 가상공간이 차지하는 비중을 광범위하게 확장시켰다. 오늘날은 디지털 매체공간과 실재공간의 혼종화로 인해 가상현실, 증강현실, 혼합현실 등 가상의 세계를 뜻하는 메타버스(Metaverse)가 더욱 다양한 형태로 발전하고 있다. 메타버스란 '초월하다'는 뜻의 그리스어

'메타(meta)'와 '세계'를 의미하는 '유니버스(universe)'의 합성어로서, 현실 사회를 디지털로 복제하고 발전시켜 돌아가도록 만든 가상의 온라인 세상을 뜻하며, 가상현실, 증강현실이 모두 메타버스에 포함된다.

'가상현실(Virtual Reality : VR)'은 실제는 아니지만 실제와 매우 유사한 환경을 컴퓨터 그래픽으로 만들어 그것이 현실로 지각되게 하는 것을 의미하며, 가상현실의 형상은 실제 장소의 사진 또는 영상으로 구성되거나, 100% 컴퓨터에서 생성된 CGI VR일 수도 있다. 증강현실(Augmented Reality : AR)은 우리가 눈으로 볼 수 있는 현실세계에 3차원의 가상정보를 겹쳐서 확장된 현실세계를 보여주는 기술을 뜻한다. 가상현실(VR)이 완전한 가상공간에서의 현실 체험을 말한다면, 증강현실(AR)은 실제와 가상의 융합 체험을 제공하는 것으로 구분될 수 있다. 현실이 아닌 가상의 갤러리와 박물관 등 물리적으로 갈 수 없는 장소를 그대로 재현하여 사람들이 체험할 수 있게 되는 것처럼, 이러한 공간들은 모두 기술과의 결합을 통해 만들어진 새로운 현실이다.

이처럼 일정한 경계선을 사이에 두고 현실공간과 대치했던 가상공간이 여러 가지 방법으로 현실공간과 조우하고 있지만, 오늘날과 같이 가상과 현실이라는 이질적인 두 세계가 동등한 무게로 자리 잡게 된 것은 초유의 상황이다. 예술이나 철학, 종교적 상상력의 무대였던 가상공간은 이제 일상생활 속에 널리

확장됨으로써 인간 활동의 보편적이고 일상적인 무대가 되고 있다(이원근, 2013). 오프라인 공간의 한계를 가상공간이 보완, 대체하는 메타버스는 게임과 엔터테인먼트 중심으로만 이용되던 것에서 나아가 의료 및 교육훈련 분야, 산업과 재해 현장에서 안전을 지키는 실용적 기술로 활용되고 있다. 원광연(2022)은 제4차 산업혁명은 현실과 가상이 결합된 새로운 '장소(Place)'에 대한 혁명이 될 것이며 실제 공간과 디지털 기술이 제공하는 가상공간이 혼재된 새로운 '장소' 개념이 나타날 것이라고 예견하였다(우운택 외, 2022 : 31).

그렇다면 케이시의 기대처럼 가상현실의 장소화는 가능한가? 지금까지 대체로 디지털에서의 장소는 인간적인 장소라기보다 새롭게 등장한 전형적인 비장소(non-place)로 인식되어 왔다. 그러나 최근 일부에서는 장소로서의 의미를 가질 수 있다는 가능성이 제시되고 있다. 디지털 게임 공간의 장소성 형성의 한 예로, 정지윤과 성정환(2021)은 2008년 화재로 소실된 숭례문이 ＜세컨드 라이프(Second Life)＞라는 온라인 3D 가상세계에서 가상 숭례문으로 복원된 것을 들고 있다. ＜세컨드 라이프＞ 사용자들은 가상 숭례문에 방문하여 유감을 표하고 기념 촬영을 하는 등 소실된 숭례문의 실재성을 시뮬라크르 공간에 투영함으로써 애착을 드러내고 장소 정체성을 공유했다.

가상공간이 잠재된 기억을 불러올 수 있는 확장된 현실 세계이며 인간의 경험이 축적되는 인간학적 장소로 간주될 수 있다는 연구들은 점차 증가하고 있다. 이화영과 김상용(2024)은 가상환경이 인간의 경험이 녹아든 장소성을 갖게 되는지를 실험을 통해 알아본 결과, VR이라는 가상의 공간이 인간 정서의 보편적인 감각들, 이를테면 가족과의 유대, 자신이 익숙한 곳으로부터의 떠남 혹은 떠나온 곳으로부터 느끼는 향수, 새로 마주하게 된 장소에서의 만남 등 한 개인이 갖게 되는 의미화된 장소의 기능을 가능하게 만든다는 결과를 보여주었다.

메타버스 이용행태와 장소애착의 관계를 검토한 박변갑(2023)은 메타버스 공간에서도 장소애착이 형성될 수 있음을 보여주었다. 이러한 결과에 따라 인간의 경험과 상호작용이 일어나고 그 경험이 체화된 공간이라면 그것이 현실세계이든 가상세계이든 어디나 장소라 할 수 있다고 주장하였다. 이동은(2007)은 가상세계(Virtual World)가 인간과 공간의 새로운 관계를 제시한다는 점에 주목하였다. 인간은 가상세계에서 체험형 스토리텔링을 통해 공간에 대한 정보와 정서를 체험하며 “경험적으로 가치화되고 이념적으로 의미화된 장소성”을 획득하게 된다고 보았다. 영국의 어느 소도시에서 만든 사운드 매핑 프로젝트인 ‘Surface Patterns’는, 서로 다른 10개의 장소에 번호를 정해놓은 뒤 원하는 장소의 번호를 누르면 그곳의 지난 이야기들을 들을 수 있고 자신의 새로운 이야기를 덧붙일 수도 있다(이원근, 2013).

평생 병상에 누워 지내야만 하는 환자나 극심한 통증을 겪는 환자, 요양시설에서 지내는 노인들에게 가상현실은 그들이 가볼 수 없는 자신의 고향을 체험할 수 있게 함으로써 치료의 효과는 물론 존재의 토대인 장소 정체성을 유지해 나갈 수 있게 할 것이다. 인간이 장소를 기억하는 특별한 능력이 뇌질환을 치료하는 데 도움이 될 수 있을 것이라는 연구도 나타나고 있다.

노인의 사회적 고립, 우울 등의 문제에 착안하여 고령층을 대상으로 가상현실 제품을 개발한 기업들도 나타나고 있는데, 그 한 예로 미국 보스턴의 기업 렌데버(Rendever)가 있다. 이 기업은 개인의 기억, 사물 등을 포함한 여러 정보를 미리 파악해 이를 자료화하고 구글 맵을 통해 실제로 고령자들이 어린 시절 살던 집이나 결혼식 등 이벤트와 연결된 추억의 장소에 와 있는 것과 같은 현실감을 느낄 수 있는 가상현실 제품을 개발하였으며, 이를 사용한 고령자들은 우울증이나 사회적 고립 문제가 해소되는 효과를 본 것으로 나타났다(오미현, 2022 : 253－254).

이 외에도 가상현실에서 카리브 해변을 거니는 것만으로도 수술 전 환자의 불안이 진정되는 것으로 밝혀지기도 했다. 우리나라에서도 이러한 연구들이 시작되고 있는데, 산림청 국립산림과학원(2022)은 정신건강상의 문제가 전 세계적인 현상이 되고 있는 오늘날 가상현실을 통한 자연체험을 하는 것이 건강과 복리를 향상시키는 대안치료가 될 수 있음을 보여주었다. 디지털 실감 콘텐츠에서 경험하는 산림 환경이 심리변화에 끼치는 영향을 분석한 결과, 가상의 산림을 경험하는 것만으로도 활력·안정감·행복감 등의 긍정적 감정을 가져오며 우울·긴장·불안정·피로 등 부정적 감정은 완화되는 것으로 나타났다(Lee Mijin, et al., 2022).

가상현실에서의 장소 정체성의 가능성은 우리나라 광고에서도 찾아볼 수 있다. 고향은 장소 정체성의 핵심이다. 고향은 언제나 가볼 수 있는 곳이지만 어떤 이에게는 찾아갈 수 없는 장소이다. “어느 해녀의 그리움”이라는 제목의 이 광고는 여기에 초점을 두고 고향을 찾을 수 없는 사람으로 해녀 할머니를 주인공으로 등장시킨다. 평생을 물질하며 살았던 할머니는 현실에서는 고향 땅에 살고 있지만, 할머니의 추억 속의 고향은 바닷속이다. 나이가 들어 물질을 더 이상 할 수 없는 할머니에게 바다는 눈앞에 있지만 더 이상 들어갈 수 없는 곳이다. 버스 안을 가상현실로 제작하고 버스 안에 들어선 할머니에게 나타난 현실은 버스가 아니라 바닷속 경관이었다. 이때 할머니는 손으로 바다를 어루만지며, 이 바다가 내 집이고 내 고향이라고 울먹인다.

이 광고는 네티즌들이 자발적으로 공유하며 반복 재생하여 2018년 ‘제26회 국민이 선택한 좋은 광고상’ TV 부문 대상에 선정되었다. “더는 물질을 할 수 없는 해녀 할머니에게 5G 이동통신 기술을 통해 바닷속 추억을 선물하는 내용의 광고가 진한 감동을 준 한 편의 영화 같았다”는 평가를 받았다. 이 광고는 많은 사람들의 감동을 끌어냈는데, 많은 사람들이 감동했다는 것은 그만큼 보편적인 정서를 다루었기 때문이라 볼 수 있다. 그것은 귀소성, 즉 장소감에 대한 인간의 본능을 다루었다는 점에서도 일부 그 이유를 찾아볼 수 있다.

"어느 해녀의 그리움"은 디지털 기술과 인간의 장소 정체성을 연결한 창의적인 작품이었다. 가상현실은 환영에 불과하며 여전히 비장소에 해당한다고 주장하기도 하지만, 이미 그 현실을 경험한 사람에게 디지털 장소는 모든 감각을 되살려 내고 삶의 누적된 기억들을 불러내는 장소가 될 수 있다. 가상현실은 게임이나 엔터테인먼트 등의 영역을 넘어, 남북분단으로, 또는 장애나 질병으로 자신의 고향 땅을 죽을 때까지 밟지 못하고 살아가는 사람들에게, 자신의 거주지를 선택하는 능력이 제한된 인지장애 노인들에게 있어 가상공간은 자신의 존재 의미와 가치를 유지시키는 근본적인 바탕이자 "희망의 장소"가 될 가능성을 보이고 있다.

출처 : SK텔레콤–어느 해녀의 그리움 편 [사진=유튜브 영상 캡처].

제8장
섬 지역 노인의 에이징 인 플레이스

1. 어촌 및 도서 지역의 고령화

우리나라 고령화 속도는 유례를 찾기 어려울 정도로 빠르게 진행되고 있다. 특히 농어촌 지역의 고령화는 더 심각하다. 전체 인구 중 노인인구 비율이 20%가 넘는 사회를 초고령사회라 한다. 우리나라는 2025년 65세 이상 노인인구 비율이 20.3%로 이미 초고령사회에 진입하였다. 그런데 전국 시도별로 살펴볼 때, 전남 26.2%를 최고점으로 하여 경기도와 제주도를 제외한 7개 도에서 20%를 넘는 초고령현상을 보이고 있다(통계청, 2024).

어촌 지역의 고령화 정도를 파악할 수 있는 자료는 통계청에서 해마다 조사하는 「농림어업총조사」가 있는데, 농업(1960년), 어업(1970년), 임업(1998년)에 대해 별도로 실시되어 오던 것이 2010년부터는 농림어업이 하나로 통합되어 조사되고 있다. 「농림어업총조사」에 따르면, 어가 수가 2014년 58천 8백 호, 2020년

43천 1백 호에서 2023년에는 41천 8백 호로 줄고 있으며, 어가 인구수는 2014년 141천 3백 명에서 2020년 97천 여 명, 2023년에는 87천 여 명으로 지속적으로 감소하고 있다. 어가 인구수는 줄고 있는 데 반해 어가의 65세 이상 노인인구 비율은 2014년 32.2%에서 2023년 48%로 급격히 높아지고 있다. 이는 우리나라 전체 노인비율이 19.2%인 것에 비추어 볼 때 약 2.5배 이상 높은 수치로서, 어촌 지역의 고령화가 매우 심각한 수준임을 알 수 있다.

<표 8-1> 어가 및 어가 인구

구 분	2014	2017	2020	2022	2023
어가 수(천 호)	58.8	52.8	43.1	42.5	41.8
어가 인구(천 명)	141.3	121.7	97.1	90.8	87.1
어가의 65세 이상 인구(%)	32.2	35.2	36.0	44.2	48.0

출처 : 통계청 『농림어업총조사』(매년).

2. 섬 지역 주민의 기본권 보장에 대한 관심 증대

고령화와 인구감소는 지역공동화를 가속화시킴으로써 지역 주민들의 삶의 질을 떨어뜨리고 있다. 특히 도서 지역의 경우 육지에서 떨어진 지리적 특성으로 인해 인구 유입은 없고, 젊은 인력의 유출은 지속되어 마을 공동화가 진행되는 등 고령화의 여파는 더욱 크게 나타난다. 섬에 거주하는 주민도 우리나라 국민으로서의 권리주권자이다. 그러나 섬의 특성상 섬 지역 주민들은 정부 정책의 사각지대에 놓여있다. 최근 섬의 중요성이 부상됨에 따라 섬 지역 주민의 생활상과 복지 요구에 대한 조사도 늘어나고 있다.

국가전략정보포털에 따르면 우리나라는 제주도 본도를 제외한 국내 섬은 3,382개이며, 이 중 유인섬은 464개(2021년 12월 말 기준), 무인섬은 2,918개(2020년 12월 말 기준)가 있는 것으로 조사되었다. 세계에서 네 번째로 섬이 많은 나라이다. 육지적 관점이 중심이었던 우리나라에서는 섬에 대한 사회적, 정책적 관심이 부족했다. 우리나라 도서가 국토 면적의 20%를 차지함에도 불구하고 우리 국토로서의 중요성과 잠재적 활용 가치에 대한 인식이 결여되어 있었다(손대현, 2006).

그러나 2000년대 들어 국토 영역적 측면에서 섬 지역에 대한 관심이 높아지기 시작했다. 목포대학교 도서문화연구원 원장인 강봉룡 교수는 2015년 제6회 전국해양문화학자대회에서 21세기를 '해양의 시대', '바다의 시대'라고 하는데, 우리나라는 그동안 대양과 원양 등에 관심이 있었고 상대적으로 연안의 섬과 바다에는 관심이 부족했기 때문에, 오늘날 '해양의 시대'는 곧 '섬의 시대'가 도래한 것을 의미한다고 주장했다.

이 시대에 '섬'이 왜 중요하게 부상되고 있는가? 섬은 바다로 둘러싸인 환해성, 육지로부터 멀리 떨어진 고립성 등의 본질적 특성으로 인해 여가체험의 목적 외에는 그동안 폐쇄된 공간이 갖는 부정적 인식이 지배적이었다. 그러나 오늘날은 섬에 대한 재조명이 이루어지고 있는바, 거기에는 몇 가지 배경적 요인이 있다.

첫째는 육지의 자원 고갈이 바다로 눈을 돌리게 하였는데, 바다와 섬이 갖는 생태적, 경제적 가치에 눈을 뜨기 시작한 것이다. 해양자원의 가치에 대한 인식은 무분별한 개발과 착취로부터 섬을 보호하고 보존하려는 노력으로 이어지고 있다.

둘째, 자원의 보고로서 바다의 경제적 가치에 대한 관심은 영토로서의 바다에 대한 인식을 높이고 있다. 1982년 유엔 해양법회의에서 해양이용체계에 대한 합의를 한 이래 12해리의 영해와 200해리의 경제수역 체제가 확립되었다. 이는 국제법상 '섬'으로 인정되면 국가의 '주권'이 미치는 12해리의 영해를 갖게 되고, 경우에 따라서는 국가의 주권적 권리와 관할권이 미치는 200해리의 '배타적 경제수역'과 '대륙붕'을 가질 수 있게 됨을 의미한다.

해양주권의 강화에는 섬, 특히 무인도서에 대한 관할권이 중요한 기반이 되고 있다. 무인도서가 인간이 거주하지 않는 쓸모없는 육지가 아니라 각국의 국토확장, 구체적으로는 해양관할권을 주장할 수 있는 중대한 근거가 됨에 따라 무인도 보전 관리가 중요해진 것이다. 국내적으로는 바다의 관할권을 둘러싸고 인접 지방자치단체 사이의 분쟁이 빈번히 발생하고 있다. 이와 관련하여 최근 지방자치단체의 해상경계 획정에 있어 무인도도 중요한 고려사항이 되고 있다(전상구, 2023).

우리나라는 섬의 85.7%가 무인도서이다. 무인도서는 사회적·경제적 활동이 없고 지리적으로 접근하기도 쉽지 않아 생태적·경제적 가치를 발굴하고 체계적으로 관리하는 데 필요한 자료가 충분하지 못한 실정이었으나, 2007년 8월 3일 「무인도서의 보전 및 관리에 관한 법률」이 제정되어 매 10년 단위로 「무인도서종합관리계획」이 수립되고 있다.

셋째, 인구감소에 따른 소멸지역의 증가와 소멸지역 주민들을 위한 기본권 보장에 대한 관심이 증가했다. 저출산·고령화로 지역소멸의 위기가 높아지고 있는 시점에 심각한 인구소멸 문제를 가진 지역은 단연 섬 지역이다. 국내 유인섬은 2016년 472개에서 2022년 463개로 6년 동안 9개 감소하였으며 이러한 현상은 적극적 정책이 펼쳐지지 않는 한 지속될 것으로 추정된다. 다음 원산도에 관한 한 신문 기사 내용에서 보듯이, 섬 지역에 거주하는 사람들이 헌법에서 보장하고 있는 행복권, 국민의 기본 권리인 교육, 문화, 이동 등을 자유롭게 누리지 못하는 현실은 대부분의 섬에서 경험하는 공통된 문제가 되고 있다.

> 원산도도 인구감소 직격탄을 맞은 곳 중 하나다. 현재 원산도에는 초등학교가 한 곳 있다. 이곳마저도 사람이 줄며 현재 17명만 남은 상태다. 유일한 중학교였던 원의중학교는 2016년 결국 문을 닫았다. 지금은 중학교에 가려면 7km에 달하는 국내 최장 해저터널을 지나 대천으로 가야만 한다.
>
> 디지털 타임즈. 2024. 8. 8.

한국해양수산개발원(2018)에 따르면 우리나라 지역소멸지수의 평균은 섬 지역 0.234, 어촌 지역(읍, 면) 0.303, 농촌 지역 0.341, 도시 지역 1.208로서, 단연 섬 지역이 가장 지역소멸이 빠른 곳임을 알 수 있다. 지역소멸지수의 수치가 0.5 미만이면 소멸위험단계, 0.2 미만은 소멸고위험단계 지역으로 분류되는데, 이미 짐작하듯이 섬 지역의 인구수는 소멸고위험단계로 진행되고 있다(박성현 · 최지호 · 강현철, 2024). 또 다른 한 연구에 따르면, 육지와 연결되지 않은 비연륙도서 중 50년 뒤 소멸될 것으로 예상되는 섬이 63개로, 이는 전체 유인섬의 15.4%를 차지하는 수치이다(이제연, 2017, 신순호 2020 재인용).

섬의 지속가능성이 곧 해양력과 국가의 지속가능한 발전을 보장하는 것이기 때문에 정주환경의 악화와 고령화 등에 따른 인구유입의 감소로 유인도가 무인도가 되지 않도록 사전에 예방하는 노력이 중요해지고 있다. 따라서 유인도에 대해서는 산업 기반 확충과 생활 여건 개선, 섬 지역 주민의 기본권 보장 등 정주기반을 강화하는 방향의 국가 정책이 추진되고 있다.

1986년 유인도서 지원법적 성격인 「섬발전 촉진법」이 제정된 이후, 미래의 성장 동력으로서의 섬의 가치를 국민들에게 인식시키기 위해 정부는 2018년 매년 8월 8일을 “섬의 날”로 제정하면서 동시에 2019년을 “섬 발전 원년”으로 삼고 범정부적으로 섬 발전 대책을 추진해 오고 있다. 가장 최근인 2023년에는 섬 지역 인구 문제를 해결하고 생활환경 등에 관한 지역격차를 해소하기 위해 「인구감소지역 지원 특별법」을 도입하였다. 앞서 2021년 행정안전부는 연평균 인구 증감률과 고령화 비율 등을 기준으로 전국의 인구 감소 지역 89곳을 지정한 바 있으며, 이러한 지역들에 대한 특별 지원이 이루어지고 있다.

정부는 지방소멸에 효과적으로 대응하기 위해 이동성, 활동성이 증가한 생활유형을 반영하여 "생활 인구"를 "정주 인구" 뿐만 아니라 지역에 체류하면서 실질적인 활력을 높이는 사람을 포함하는 등의 지원 확대를 모색하고 있다. 「인구감소지역 지원 특별법」 제2조에 의하면, "생활 인구"란 특정 지역에 거주하거나 체류하면서 생활을 영위하는 사람으로, 주민등록한 사람은 물론, 통근, 통학, 관광 등의 목적으로 월 1회, 하루 3시간 이상 특정 지역을 방문하여 머무는 사람, 외국인 중 대통령령으로 정하는 요건에 해당하는 사람들을 다 포함한다. 정부의 이러한 정책은 인구 감소가 계속해서 진행되는 현실에서 섬의 국토적 역할을 유지하고, 섬 지역 주민들의 생활환경 개선과 지역 격차를 해소하기 위해 "귀어"를 통한 정주 인구를 유입하는 것이 현실적으로 쉽지 않은 점을 인정하고 섬과 지속적인 관계를 가진 사람들을 확대하는 것에 초점을 둔 것이다.

섬의 영토적 가치 및 경제적 가치에 대한 국가적 관심의 증대는 늦은 감이 있지만 섬 지역에 거주하는 주민들의 기본권적 권리에 대한 목소리에 귀를 기울이도록 하고 있다. 섬 지역 주민들은 육지에 거주하는 주민들의 삶과 비교할 때 많은 권리를 포기하면서 살고 있다. 열악한 교육, 문화, 복지 여건으로 삶의 질과 생활 만족도는 매우 낮은 편이다. 지금까지 섬 지역 개발 지원은 섬에 거주하는 인구가 10인 이상일 때만 가능했다. 「섬 발전 촉진법」에 따른 개발대상 유인도는 10인 이상 거주하는 섬을 의미한다. 최근 섬 인구의 변화를 고려할 때 섬에 거주하는 주민 수가 10인 이하로 떨어질 수 있는 섬도 나타나고 있다. 낙후된 교통, 교육, 의료 등의 기본 인프라는 섬 지역 주민의 헌법상 기본권을 심각하게 위협하고 있다. 박성현 등(2024)은 기본권적 권리 보장에서 나아가 섬 지역 주민들의 '영토수호'에 대한 적정 보상에 대한 논의도 필요함을 제안하기도 했다.

섬 지역과 관련된 법과 제정 목적, 소관부처는 다음과 같다.

<표 8-2> 국내 섬 지역 법과 제도

법명	부처	제정 목적
섬 발전 촉진법	행정안전부	섬의 생산, 소득 및 생활기반시설의 정비, 확충으로 생활환경을 개선함으로써 섬 지역 주민의 소득 증대와 복지 향상
무인도서의 보전 및 관리에 대한 법률	해양수산부	무인섬과 그 주변 해역의 보전 및 관리에 관하여 필요한 사항을 정함으로써 무인섬과 그 주변해역을 체계적으로 관리하여 공공복리의 증진에 이바지함
독도 등 도서지역의 생태계 보전에 관한 특별법	환경부	특정도서의 다양한 자연생태계, 지형 또는 지질 등을 비롯한 자연환경의 보전에 관한 기본적인 사항을 정함으로써 현재와 미래의 국민 모두가 깨끗한 자연환경 속에서 건강하고 쾌적한 생활을 할 수 있도록 함

출처 : 육수현 외(2022). 『섬통계 DB 구축방안 연구』. 한국섬진흥원, p. 16.

3. 추자도 노인의 장소 의미에 대한 경험적 연구[1)]

1) 연구의 목적

우리나라의 고령화 속도는 유례를 찾기 어려울 정도로 빠르게 진행되고 있으며, 특히 농어촌 지역의 고령화는 그 심각성이 매우 크다. 또한 노년기의 가구형태가 단독가구 중심으로 변화되고 있는 가운데 전국 노인 1인가구의 상당수가 농어촌에 거주하고 있다. 전체 인구에 대한 농림어가인구의 비중이 계속 감소하고 있고, 농어촌 지역의 평균 연령이 높아지고 있는 점을 들어, 농어촌이 이제 거대한 양로원으로 변해가고 있다는 지적이 나오고 있다.

이와 더불어 준공 후 30년이 초과된 노후주택비율이 20.7%에 이르고, 최저주거기준 미달 가구도 도시에 비해 월등히 높은 등, 주거여건이 매우 열악하다(농림축산식품부, 2013). 이렇듯, 농어촌 지역에서의 초고령화 현상, 노인 1인가구의 증가, 열악한 주거환경 등은 농어촌 지역에 거주하는 노인들의 장기 돌봄(long-term care) 전략에 중요한 도전이 될 뿐 아니라, 도시 지역과 차별되는 고령화 대응 전략의 필요성을 주장하게 하였다. 일례로 독거노인의 경우 도시 지역은 주로 이웃을 맺어주는 유형이라면 농어촌 지역은 공동생활가정을 만들어 주는 이원화된

---

1) 본문의 일부 내용은 저자의 “섬 지역 고령자의 장소 경험과 의미 : Aging in Place는 가능한가?”(2017)에 실려 있음

접근이 이루어져 왔다.

"독거노인공동거주제"는 2006년 김제시가 전국 최초로 마을회관 2곳을 개보수해 공동생활을 가능하게 한 이래로, 많은 지방자치단체들이 이를 도입, 시행했던 대표적인 농어촌 지역 고령자 지원 사업이다. 공동생활이 노인들의 외로움과 불안감을 감소시키는 정서적 지지의 효과가 있을 뿐만 아니라 식사를 함께함으로써 건강과 영양 상태가 개선되고 안전 및 경제적 측면에서도 긍정적 효과가 있는 것으로 나타나자 중앙정부는 2013년 6월 4일 「농어촌마을 주거환경 개선 및 리모델링 촉진을 위한 특별법」 제정을 통해 이를 지원할 행・재정적 기반을 구축하였다. 그 결과 2014년 농림축산식품부는 '농촌고령자 공동시설지원 시범사업'을 추진하면서 공동생활홈 35개소, 공동급시시설 26개소, 작은 목욕탕 14개소 등 75개 대상지를 선정하여 추진하였다(김진환 외, 2015).

'독거노인공동거주제'는 노인들이 혼자가 되더라도 살던 지역에 그대로 살 수 있게 하는 방안으로 채택되었으며, 이는 에이징 인 플레이스(aging in place), 에이징 인 커뮤니티(aging in community)의 실천이다. 에이징 인 플레이스는 노인들 대부분은 그들이 오랫동안 살아 온 장소에서 노후를 보내기를 기대하고, 또 그럴 때 노년기의 만족도가 높다는 전제에서 시작했다. 뒤이어 나온 경험적 연구들 또한 이를 뒷받침하는 결과를 보여주었다. 2010년 미국 은퇴자협회 조사에서는 45세 이상 인구층의

75%가 "현재 살고 있는 지역에서 계속 살고 싶다"라고 응답했으며(Keenan, 2010, 김수영·문경주·오찬옥, 2015 재인용), 우리나라의 경우 2007년도 국토해양부의 주거실태조사에서는 조사대상 노인가구의 80.4%가 건강이나 가족구성에 변화가 없는 한 현재 집에 그대로 거주하고자 했다. 그리고 건강이 악화되었을 시에도 현재 집과 현재 집을 개조해서 거주하겠다는 비율이 51.9%로 높게 나타났다(김근용 외, 2008).

이 개념이 도입된 지 50여 년이 지난 서구에서는 에이징 인 플레이스에 대한 열광에서 벗어나 비판적 검토와 새로운 논의들이 나타나고 있고 또 이러한 이념을 발전시킬 혁신적인 방안들이 그러한 논의의 연장선상에서 시도되고 있다. 에이징 인 플레이스는 노인들이 그들 자신의 집과 지역사회에서 가족, 친지 또는 이웃들과 함께, 필요한 지지를 제공받으면서 죽을 때까지 살아갈 수 있을 것이라는 기대를 가능하게 하였다. 그러나 현시점에서도 이 같은 기대는 여전히 유효한가? 에이징 인 플레이스는 정책적 고려에 의해 그 의미가 다르게 해석되어 오기도 했는데, 우리 사회에서는 그동안 주거 정책이나 관련 학문 분야를 중심으로 정당성 또는 필요성을 주장하는 논의가 중심이었으며, 사회복지 영역에서는 돌봄이 필요한 취약한 노인들을 위한 재가보호, 지역사회 기반 서비스 확충의 이념적 기반으로서 언급되어 왔다. 노인이 더 이상 사회적 소수자가 아닌 사회에서는 노인의 삶의 질에 대한 요구는 높아질 수밖에 없다.

지금까지 이루어진 에이징 인 플레이스에 관한 선행 연구들은 몇 가지 점에서 제한적이다. 먼저, 노인이 지역 내 계속 거주하고자 하는 의사와 이유를 조사하더라도 대체로 관심의 초점이 노인의 주거 및 주택 문제에 집중되어 왔으며, 그 대안도 주거환경 개선방안을 중심으로 논의되는 등 그 주제가 상당히 협소한 범위에서 다루어져 온 경향이 있었다. 둘째로, 고령화 문제는 도시보다 농어촌 지역에서 심각하다. 그런데 농어촌 지역에 대한 연구에서도 그 대상이 대부분 농촌 지역 노인들을 중심으로 연구되어 왔으며, 어촌 지역 노인들에 대한 연구는 상대적으로 매우 빈약하다. 특히 사회복지영역에서는 어촌 지역 노인들의 삶의 형태나 실태에 대한 관심은 매우 미약하다. 더군다나 섬 지역은 고령화가 가장 심각하고 사회서비스에의 접근성 면에서도 매우 열악함에도 불구하고 학문적, 정책적 관심의 우선순위에서 밀려 있었다. 김준 등(2007)은 우리나라 섬은 정치적, 정책적, 사회적으로 늘 관심의 사각지대에 있었으며, 새마을 운동 시기에도 어촌과 어민은 행정력과 재정력 부족으로 소외되었음을 강조하였다(김영란, 2010 재인용).

이에 본 연구는 고령화 비율이 높고 서비스 접근성이 가장 낮다고 볼 수 있는 섬 지역 노인들의 장소노화 경험과 인식을 조사하는 것을 목적으로 하였다. 섬에 거주하는 노인을 연구의 대상자로 삼은 이유는 다음과 같다.

우리 사회의 고령화 문제가 가장 심각한 곳은 도시 지역보다 농어촌 지역이다. 농어촌 지역에서도 특히 섬 지역의 노인 인구 비율은 전국에서 가장 높다. 섬 지역은 바다로 둘러싸여 있고 일정한 지리적 범주에 갇혀 있어 다른 지역과 비교해 볼 때 생활을 지원하는 공적 서비스가 절대적으로 부족하며, 특히 교통과 원거리로 인해 보건 및 사회서비스의 접근성이 낮아 혜택을 제대로 받지 못하는 문제가 있어 우리나라의 대표적인 복지 사각지대이다(김민희·김성희, 2012; 김영란, 2010).

섬 지역의 고령화 현상은 심각한 지경에 이르렀지만 건강 및 사회서비스 정책은 다른 지역과 비교해 열악하다. 특히 섬에 거주하는 노인의 경우 대부분은 자녀들이 육지로 이주해 나간 경우가 많고, 또 요양시설이나 센터가 없어 노인들이 혼자서 살 수 없을 정도가 되었을 때는 자녀가 있는 육지로 나가 자녀의 집이나 시설에서 보호를 받을 수밖에 없다.

섬 지역 노인들은 에이징 인 플레이스(AIP)가 사실 가장 어려운 집단이라 할 수 있다. 이는 달리 말하면 이러한 정책이 가장 절실한 대상층이 바로 섬에 거주하는 노인들이라 볼 수 있다.[2)]지금까지 섬 지역은 주로 섬 관광, 섬 개발 차원에서 접근되어

---

2) 이 연구가 진행되었을 때는 "지역사회통합돌봄(커뮤니티케어)" 정책이 마련되기 전이었다. 정부는 2026년 전국 실시를 계획하고 있는데, 커뮤니티케어는 복지서비스 및 의료와 돌봄, 주거지원의 인프라 기반 확보가 성공의 요건이다. 농어촌 지역은 이러한 전략을 수행하기에 어려운 환경임은 잘 알려진 바다. 농어촌 지역에 적합한 모델 개발이 필요한 때이다.

온 경향이 많으며, 사회복지적 관점에서 섬 지역에 거주하는 노인의 생활환경이나 경험에 대한 연구는 극소수에 불과하다. 섬 지역 노인의 복지서비스 인지와 만족도 조사(현외성 · 마은경, 2010), 섬 지역 노인의 여가 관련 연구(김영란, 2010), 섬 지역 노인의 생활 실태와 복지서비스 욕구(김민희 · 김성희, 2012)를 파악한 연구 정도이다.

본 연구는 에이징 인 플레이스가 노년기에 포기할 수 없는 가치이자 삶의 질에 중요한 의미를 갖는 것이라면 섬 지역 노인들의 경우도 여기서 예외가 되어서는 안 된다는 전제에서 출발하였다. 섬 지역 노인의 에이징 인 플레이스를 촉진시킬 수 있는 전략은 어떠해야 하는지, 서구의 경험적 논의들과 본 연구에 참여한 노인들의 경험을 통해 의미 있는 대안들을 제안하는 것을 연구목적으로 하였다. 이러한 연구목적을 달성하기 위한 구체적인 연구과제는 다음과 같다. 첫째, 섬 지역 노인들의 장소 경험과 그 의미는 무엇인가? 둘째, 섬 지역 노인들이 거주지에서 오래 계속 생활할 수 있기 위해서는 어떤 전략들이 필요한가? 섬 지역 노인의 관점에서 에이징 인 플레이스의 가능성을 탐색하는 본 연구의 결과는 섬 지역 노인에게 적합한 장기보호(long-term care) 전략을 마련하는 데 도움이 될 수 있을 것이다.

2) 조사 방법

연구문제를 해결하기 위한 자료수집과 분석 방법으로 질적 연구방법 중 문화기술지적 접근과 현상학적 접근을 채택하였다. 연구자가 가진 인류학적 배경 지식과 훈련을 기반으로 문화기술지적으로는 섬 지역의 공간에서 일어나는 사람들 간의 상호작용에서 발달된 문화를 살펴보았다. 문화기술지적 접근은 섬 지역 노인들의 경험 맥락(context)을 이해하는 데 매우 중요했다. 노인들의 장소 경험은 심층 인터뷰(in-depth interviews)를 통해 그 경험 기저의 의미를 탐색해 보았다. 노인들은 섬, 바다, 집 등의 장소를 어떻게 경험하고 있는가? 노인들은 그러한 경험에 대해 어떻게 의미부여하고 있는가? 이러한 연구 질문은 현상학적 질적 연구에 적합한 문제 유형으로, 존 크레스웰(Creswell, 2010)은 한 가지 현상에 대한 여러 개인들의 공유된 경험을 이해하는 것이 중요한 경우에 현상학적 질적 연구가 적합함을 제안하고 있다.

(1) 자료 수집 방법

조사대상 지역으로 추자도를 선정한 배경에는, 최근 많은 섬들이 연육교로 연결되어 4면이 바다로 둘러싸인 섬이라기보다 육지의 끝자락으로 변모하고 있는 데 비해, 추자도는 육지와 연결되지 않고 완전한 섬의 형태를 갖추고 있어 섬 지역을 조사하고자 하는 연구 목적에 적절하다는 점, 그리고 높은 고령화율을 보이고, 젊은 사람들이 대부분 뭍으로 나가고 뱃일은 노인이 남아서 하고 있으며, 남자 노인이 사망하는 경우 대부분 어업 일을 그만두는 경우가 많아 마을 전체가 점점 어업이 쇠퇴하여 새로운 활로를 모색해야 하는 시점에 있는 점 등 섬 지역의 일반적 특성을 뚜렷이 보여주고 있다는 점이 고려되었다. 이에 덧붙여 과거 본 연구자가 문화기술지연구 방법 수업의 일환으로 학생들과 함께 방문한 적이 있어 그 지역 노인과의 인터뷰에 필요한 신뢰관계를 형성하는 데 용이함이 있다는 점 또한 연구 대상지역으로 선정하는 데 배경으로 제시될 수 있다.

자료 수집을 위한 인터뷰는, "에이징 인 플레이스" 개념이 사실 일반인이나 노인들에게 익숙하지 않은 개념이므로, 이 용어들을 직접적으로 사용하기보다 이 개념을 이해하는 데 핵심이 되는 다른 관련 개념들, 예를 들어 그들이 현재 살고 있는 장소, 정서적 애착을 갖는 장소, 독립과 의존에 대한 인식, 이웃 등 사회적 관계, 마을에 대한 인식, 마을을 떠날 수 있는 상황, 주거 환경을 가족이나 마을에서 개선하여 준 경우 그러한 변화에 대한 경험과 인식 등을 질문하는 형태를 취했다.

인터뷰 대상자 선정은 의도적 표집과 눈덩이 표집 방식을 통해 이루어졌다. 대상자 선정 기준은 인터뷰가 진행되는 동안 몇 가지 점에서 추가되거나 수정되는 변화가 이루어졌다. 먼저 누구를 인터뷰할 것인가와 관련하여 다음과 같은 기준이 잠정적으로 마련되었다. 장소에 대한 경험은 연령과 장소 이동의 경험

정도에 따라 다를 것이라는 전제에서 출발하였다.

이에 따라 먼저 연령과 섬에서 지속적으로 거주한 경우와 그렇지 않은 경우로 구분하여 대상자 선정이 이루어졌다. 섬 지역 노인의 전형적인 특성을 반영하여 주로 70~80대 노인을 포함시켰으나 이 연령대의 노인들 중에서는 섬을 떠나 뭍에서 생활하다가 다시 섬으로 들어와 살고 있는 경우가 드물어 연령대를 낮추는 것이 필요했다. 섬을 떠났거나, 육지에서 살다가 들어온 사람들의 경험을 파악하기 위해서는 적어도 50대 후반이나 60대의 고령자를 포함시킬 필요성이 발생하였다. 이들 60대의 경험은 인터뷰하는 과정에서 장소 경험의 다양성을 보여주는 데 도움이 되는 것으로 파악되었다. 따라서 조사를 진행하는 과정에서 고려된 대상자 선정 기준은 연령, 성별, 직업, 섬을 떠난 경험이 있거나 섬이 아닌 지역에서 살다가 들어온 경험이 있는지 여부 등이었다. 이렇게 잠정적으로 정한 기준을 가지고 지역의 주요 정보원(a key informant)과 사전 협의를 하면서 기준에 적합한 참여자 명단을 확보하였다. 전화를 통해 간단한 설명을 하고 연구에 참여해 줄 것을 요청하였으며, 참여에 동의한 노인들에게 다시 연구 목적에 적합한 다른 노인들을 추천해 줄 것을 의뢰하는 눈덩이 표집 방식을 통해 연구 참여자를 더하였다. 결과적으로 연구에 참여한 노인들은 모두 9명이었다. 9명의 참여자와 인터뷰하는 과정에서 유사한 정보나 이야기가 반복적으로 나오기 시작했으며, 이는 정보에 대한 충족을 의미하는 것이므로 더 이상의 참여자를 확보하는 노력은 기울이지 않았다. 이외에 지역의 관계 기관에 근무하는 공무원과 시설 관계자 총 2명을 인터뷰하여 필요한 정보를 추가적으로 획득하였다.

섬에서의 조사 기간은 총 5일이었다. 섬 지역은 연구 활동을 하기에 접근성에 어려움이 있고 또 시간적, 비용적 측면에 제한 요건이 많아 짧은 연구 기간 동안 집중적인 연구가 이루어질 필요가 있었다. 대부분 걸어서 이동하는 거리인 관계로 마을의 경관과 지리에 대해 파악하고 지역 어르신의 일상을 관찰하며, 연구 참여자들과 인터뷰하는 데는 5일은 비교적 충분한 기간이었다. 인터뷰 장소는 주로 연구 참여자의 집이었지만, 경로당, 마을 정자, 이웃 주민의 집 등 연구 참여자가 별도로 원하는 장소에서도 인터뷰가 이루어졌다.

인터뷰는 연구윤리 지침에 따라 연구 참여자의 권리보호에 주의하였다. 사전에 연구 목적, 자발적 참여, 비밀보장, 조사거부 및 철회할 권리 등의 내용을 담은 연구 참여 동의서를 마련하여 이에 대한 내용을 고지한 후 동의하는 경우에 한해 동의서에 사인을 받은 후 실시하였다. 사전에 준비한 연구 참여 동의서의 내용을 천천히 읽어주거나 함께 읽으면서 연구 참여자와의 자발적 참여, 인터뷰 내용이나 개인 정보와 관련된 내용이 외부로 노출되지 않는다는 점을 주지시키는 데 초점을 두었다. 특히 녹취 자료는 누구나 접근할 수 없도록 할 것이며, 연구결과물이 발표되는 즉시 녹음테이프는 폐기처분할 것임을 고지하였으나, 대부분의 연구 참여자들은 그러한 부분에 크게 개의치 않는다는 입장을 보여주었다. 연구의 목적과 인터뷰 질문의 대략적인 내용을 들은 이후에는 녹음이 진행된다는 부분에 대해서도 쉽게 승낙을 해주셨으며, 실제 인터뷰 과정에서 녹음기 사용에 대해서는 의식하지 않고 오히려 녹음이 잘 되고 있는지 걱정하는 경우도 있었다.

잠정적 참여자들은 대체로 조사에 호의적이었는데, 판단을 요하는 질문들이 아니라 일상과 경험에 대해 자유롭게 이야기하는 것을 요하는 질문들이어서 연구 참여자들은 자신들의 삶과 인생에 대해 이야기를 할 수 있는 기회를 가진 것을 오히려 반기는 편이었다. 사전에 적절한 수준의 인터뷰 대가를 지불하는 것을 고지하였으나, 참여자들은 인터뷰가 끝난 후 인터뷰 대가를 돌려주면서 오히려 이야기를 들어줘서 고맙다는 인사를 하기도 하였다. 인터뷰 동의서는 연구자와 연구 참여자가 각각 1부씩 나누어 가졌다.

인터뷰의 구조는 크게 3가지로 이루어졌다. 첫째는 전반적인 생애사와 관련된 질문으로, 이는 연구 참여자가 인터뷰에 갖는 부담을 덜어주면서 가능한 한 자기 자신에 대해 많은 이야기를 할 수 있는 기회를 제공하여 연구 참여자의 경험을 맥락 안에서 이해할 수 있게 한다. 두 번째는 장소 경험의 세부사항에 대한 질문으로 집, 마을, 이웃과의 관계, 섬에서의 생활 등 구체적인 경험에 관련된 질문이다. 세 번째는 이러한 경험이 갖는 의미에 대한 질문이다. 이러한 인터뷰의 3가지 구조는 인터뷰 지침에서처럼 5가지 영역으로 제시되었다. 심층 인터뷰에서 사용되는 질문은 연구 참여자가 말한 것을 바탕으로 자연스럽게 재구성되는 경우가 많다. 본 연구에서도 이 질문들은 다양한 표현 방식으로, 다양한 순서로 제시되었으며, 실제 이야기를 듣는 과정에서 질문이 생략되는 경우도 많았다.

(2) 인터뷰 자료 분석 방법

인터뷰 자료는 연구자가 직접 녹취하였다. 녹취 과정은 녹음 파일을 반복적으로 듣는 작업을 피할 수 없는데, 이 과정이 전혀 시간적 낭비는 아니다. 녹음 파일을 반복해 듣다 보면 자연스럽게 참여자가 말한 의미를 보다 정확하게 이해하게 되며, 추후 녹음 파일을 다시 듣지 않고 녹취 자료만으로도 분석이 가능하다. 녹취 자료를 분석 과정에서 가장 신경을 많이 쓴 부분은 연구 참여자의 신분이 최대한 드러나지 않도록 하는 것이었다. 이를 위해 연구 참여자의 이름과 살고 있는 지역명을 구체적으로 제시하지 않고 가명의 이니셜을 사용하였으며, 인터뷰의 의미 전달에 영향을 미치지 않는 범위에서 개인 신상이나 정보에 관한 내용은 가급적 분석에서 제외하였다.

참여자별 인터뷰 자료를 정독하면서 관심 있는 구절에 밑줄을 그어가면서 우선 떠오르는 제목을 잠정적으로 명기하였다. 한 명의 참여자 인터뷰 분석이 끝나면 다음 인터뷰 자료를 분석

할 때 유사한 경험의 경우는 같은 제목의 범주 속에 계속 보충했으며, 자료들이 추가되면서 새로운 제목의 범주들이 발생되거나 맨 처음 이름 붙인 제목이 수정되고 좀 더 구체화되기 시작했다. 이때 중요한 것은 가능한 한 연구 참여자의 진술을 그대로 따옴표 따듯이 사용하는 것이다. 이는 추후 원문을 다시 찾아보는 수고를 덜어줄 수 있다. 인터뷰 자료 전체를 정독하면서 분류하는 작업은 지속적으로 반복되고 초기에 발견되지 못한 의미 있는 내용들이 이때 추가되기도 했다. 반복적인 분석과정에서 제목들이 관련성을 가지면서 더 큰 범주의 주제 범주로 묶이기 시작했다.

3) 연구 결과

(1) 연구 지역 섬에 대한 개관

추자도는 제주도에서 가장 북쪽에 위치한 부속 섬으로 행정구역상 제주시 북제주군 추자면에 속해 있다. 추자도는 엄밀히 말하면 상추자도, 하추자도, 추포도, 횡간도 등 4개의 유인도와 38개의 무인도, 총 42개의 섬으로 이루어진 군도로서 제주도의 다도해라 불린다. 제주시에서 45km 북쪽에 위치해 있고 목포에서는 93km 떨어져 있다. 추자군도의 주섬(主島)이라 할 수 있는 상추자도와 하추자도는 212m의 추자대교로 서로 연결되어 있으며, 행정적으로는 상추자도의 2개 리(대서리, 영흥리)와 하추자도의 4개 리(묵리, 신양1리, 신양2리, 예초리), 총 6개 리로 구성되어 있다. 상추자도와 하추자도를 연결하는 다리가 만들어지기 이전은 서로 별개의 섬으로 존재하다시피 했으며, 추자 주민들 사이에서 하추자에서 상추자로 가는 것이 서울로 가는 것보다 더 멀게 느껴진다는 말이 있을 정도로 경쟁과 갈등이 심했다.

출처 : 다음카페. 추자도 지도와 추자 10경.

추자도는 행정구역상으로는 제주도에 속해 있지만 역사적으로 오랜 시기에 걸쳐 제주도와 전라도 사이를 오가며 변화의 과정을 겪은 섬이다. 과거 1273년 후풍도라 명명되어 전라남도(영암군, 완도군)에 속했던 이 섬은 1914년 일제 강점기에 행정구역 개편에 따라 전라남도 완도군 추자면과 보길면 내 횡간도를 병합하여 전라남도 제주군으로 재편입되었으며, 일제 강점기 이후인 1946년 8월에는 제주도가 전라남도와 분리됨에 따라 제주도 북제주군 추자면으로 자리 잡았다. 나아가 2006년 7월부터는 제주도가 제주특별자치도로 바뀌면서 추자면은 북제주군에서 제주시로 편입됨에 따라 도서 지역이면서 시(市) 지역에 포함되는 상황을 맞게 된다(정광중, 2012).

이 섬의 총 인구수는 2024년 6월 말 기준으로 1,595명(남 : 876명, 여 : 719명)이다. 1970년대 6,752명을 정점으로 1991년에 3,881명, 2000년 3,284명, 2005년 2,818명, 2013년 2,207명, 2024년 1,595명으로 지속적으로 감소하고 있다. 2023년 기준 추자도의 소멸위험지수는 0.16으로 섬 지역 평균 수치보다 밑도는 "소멸고위험지역"에 해당된다(연합뉴스, 2024. 7. 20).

2024년 현재 이 섬의 65세 이상 노인인구는 551명으로 전체 인구의 34.5%에 해당되며, 초고령사회의 특성을 보이고 있다. 이는 주민등록상 자료로 실질적으로 자녀들의 학업을 위해 제주도에 거주하고 있는 학생과 학부모를 제외하면 노인인구 비율은 그 이상이 될 것으로 추정된다.

제주도의 부속 섬 가운데 두 번째로 큰 섬인 추자도에는 상추자도에 추자초등학교, 하추자도에 신양분교장과 추자중학교 등 3개의 학교가 있다. 상추자도와 하추자도 사이에 교육기관 설치를 둘러싼 갈등이 커서, 1998년부터 주차도에 초, 중, 고등학교 통합학교를 세우려는 교육청의 시도가 있었으나 학교 위치 선정을 둘러싼 갈등으로 무산되었으며, 그 결과 현재까지도 전국에서 추자도보다 적은 인구가 살고 있는 섬에도 통합 중고등학교가 운영되고 있는 반면에 추자도는 고등학교를 설립하지 못하였다. 현재 인구감소로 인해 고등학교 건립은 더 이상 가능하지 않게 되었다(정희종, 2012). 섬의 갈등으로 인한 통합 중·고등학교 설립 무산은 섬 인구 유입을 막는 요인이 되어 섬 발전을 저해한 주요한 요인으로 작용한 것이다.

추자초의 학생 수는 2004년 107명에서 2015년 66명(본교 45명, 분교 21명), 2024년 23명(본교 22명, 분교 1명)으로 크게 줄었다. 추자중학교의 학생 수는 2004년 48명에서 23명으로 감소했다. 곧 신양분교와 중학교가 인원미달로 폐교될 상황에 처해 있다. 신양분교 유지를 위해 어린 시절 초등학교를 다니지 않았거나 중퇴한 노인들이 초등학교에 입학하려고 준비하고 있다고 한다. 고등학교가 없어 중학교를 졸업하면 대부분의 학생들이 고등학교를 진학하기 위해 전라도나 제주도 등 본토로 나가고, 학업을 위해 섬을 떠난 이후에는 다시 섬으로 들어오지 않는 경우가 많기 때문에 유입인구보다 유출인구가 훨씬 많은 점이 섬의 고령화를 더욱 촉진시키고 있다.

노인들의 유일한 여가장소인 경로당은 섬의 6개 마을에 하나씩 총 6개소가 있으며, 당시 조사 대상 마을의 경로당 회원 수는 535명으로 이 지역 노인들의 97%가 회원으로 가입되어 있다. 2024년 현재 경로당 일 이용자 수는(연인원) 280명으로 65세 이상 642명 중 43.6%가 이용하고 있다.

의료시설로는 보건지소 1개소, 보건진료소 1개소가 있으며, 대부분 간단한 조치는 보건지소에서 해결하며, 그렇지 못할 경우에는 제주도로 나가서 진료를 받고 있다. 위급한 환자가 발생했을 시에는 해경의 도움을 받아 헬기로 이송을 하고 있다.

지역 내에서 제공되고 있는 노인복지서비스로는 거동불편 독거노인을 대상으로 하는 재가노인 식사배달사업과 노인일자리사업이 대표적이며, 무주택노인 주거비지원사업, 목욕봉사사업 등이 있다. 2024년 7월 말 기준으로 볼 때, 재가노인 식사배달사업은 27명, 노인일자리사업은 118명, 무주택노인 주거비지원사업은 6명, 기초연금(만 65세 이상 저소득노인)은 514명, 장수수당(만 80세 이상 모든 노인)은 177명이 지원받았다. 목욕봉사는 2016년에는 주 1회 평균 30명 정도가 이용하였으나 부대 철수가 진행되면서 폐쇄되자 목욕에 대한 노인들의 욕구가 매우 높아 이동목욕봉사사업이 검토되었다. 그러나 욕조가 탑재된 차량의 경우는 진입도로가 좁아서 이용자 집까지 갈 수 없는 문제가 있기 때문에 집까지 가서 욕조를 설치하는 이동목욕차량을 검토했으나, 이 경우는 목욕 30분을 위해 2시간 이상을 설치해야 하는 어려움과 현재 봉사자들로서는 조립 및 가동이 어려운 문제가 있어 시행이 지속되지 못했다. 최근 목욕 욕구에 대응하여 기초 및 의료급여 수급자 대상 38명에게 노인이미용료와 더불어 노인목욕료를 지급하고 있다.

지역 내 노인요양시설은 2008년 장기요양보험제도가 본격 시행될 것에 대비해 2007년 10월에 개원한 민간요양시설이 유일했다. 입소정원은 개원 당시에는 치매, 중풍 등 노인성질환자 50명이었으나, 조사 시점에는 시설 자체에서 28명으로 줄인 상태였다. 그 이유는 직원 및 시설 기준을 맞추기가 힘들기 때문이었다. 조사 당시 시설에는 13명이 입소되어 있었으며, 요양등급은 2등급 3명, 3등급이 4명, 4등급이 6명이었다. 2023년에 이 숫자가 7명으로 줄어들어 매달 600만 원의 적자가 발생해 더 이상 운영을 할 수 없어 휴업 중이다. 초기 이 시설을 개원할 때는 섬 지역 노인들이 결국 지역 내에서 돌아가시고자 할 것이며 외지로 나가서 돌봄을 받는 것을 꺼릴 것으로 생각하였으나 막상 현실은 그와 달랐다. 요양시설 관계자와의 인터뷰에서 알 수 있었던 것은 시설입소의 결정은 자녀들에 의해 이루어지고, 자녀들이 섬 밖으로 모시고 나가도 그들 자신의 집 근처가 아닌 시설에 부모를 모시는 경우가 많은데, 굳이 고향이 아닌 곳으로 모시고 나가는 이유는 마을이 너무 빤한 관계라 쉽게 말들이 나오고, 주민들 사이에 부모를 요양시설에 보냈다거나 자주 오지 않는다라는 말들을 듣기 싫어하기 때문이라는 이유가 가장 크다고 하였다. 당시의 예측대로 최근 추가로 조사한 바에 의하면, 요양시설이 폐원을 하여 현재 추자도에는 요양시설이 전무한 상태이다.

(2) 연구 참여자의 특성

참여자의 특성은 <표 8-3>에서 보는 바와 같다. 인터뷰 참여자들은 섬에서 태어나 계속 살아온 경우, 타 지역 출신으로 결혼이나 사업일로 섬에 들어와 정착한 경우, 오랜 세월 고향을 떠났다가 다시 귀향한 경우로 구분되었다. 전체 11명 중 50대 후반이 1명, 60대가 5명, 70대가 2명, 80대가 3명이었는데, 50대 남성은 귀향한 경우였다. 50대임에도 본 조사에 포함시킨 이유는 60대 이상에서는 귀향한 사례가 없었기 때문이었다. 조사대상 노인들의 가구 유형은 부부가구와 독거노인 가구가 대부분이었으며, 자녀와 사는 경우는 1명을 제외하고는 없었다. 참여 노인들은 80대 최고령 노인들을 제외하고는 모두 생업으로서 일을 하고 있었다. 여성 노인들은 젊어서부터 해온 물질(해녀)을, 남성 노인은 상업이나 건축 관련 일을 했다. 70대 참여자의 경우도 용돈벌이 수준에서 멸치젓을 만들어 팔거나 자신의 식재료로 파, 고추, 부추 등의 채소를 기르는 일을 하고 있었다. 참여자들의 건강과 관련하여 60대까지는 대부분 건강하고 활동에 지장이 없는 편이나 70~80대 여성 노인의 경우는 젊어서부터 물질 등 힘든 일을 많이 한 관계로 아픈 곳이 많았는데, 그중 두 분은 거동에 어려움이 있어 경로당에 나가는 일이 쉽지는 않은 편이었다. 그리고 한 분은 과거 뇌수술을 받은 적이 있고 주변 사람들에 의하면 최근 치매초기 증상을 보인다고 하였다. 병원진료를 받기 힘든 관계로 보건지소에서 고혈압이나 간단한 진료 정도만 받는 것 외에는 별다른 건강관리는 하지 못하고 있었다.

<표 8-3> 인터뷰 대상자 특성

참여자	성별	연령	가구구성	거주기간	과거직업/현재일	건강상태
1	남	66	부부	계속 거주	상업	보통
2	여	64	시모+본인	계속 거주	해녀	육체피로
3	남	64	부부	계속 거주	건축일	활동적
4	남	58	부부	95년도 귀향	수산업	건강
5	남	60	부부	14년(함평 고향)	건축	건강
6	여	76	독거	50년 (홍도 고향)	해녀/소일	걸음지장
7	남	80	부부+아들	계속 거주	경로당회장	치아문제
8	여	83	독거	계속 거주	고기잡이	치매초기
9	여	68	독거	3년 타지생활	민박업	건강
10	여	88	독거	계속 거주	농사	거동불편
11	여	70	독거	3년	요양시설장	건강

(3) 섬의 문화적 특성

섬의 고유한 문화적 특성은 섬 지역 노인들의 장소 경험에 중요한 영향을 미치고 있었다. 주요한 문화적 특성으로는 섬의 배타성, 섬만이 갖는 독특한 시간 개념, 숨김이 없는 섬의 개방성, 육지에 대한 갈망 등이 제시되었다.

① 배타성과 갈등의 세습

연구 지역 섬에는 총 6개 마을이 존재한다. 마을 간의 지리적, 물리적 거리는 실제 거리상 얼마 되지 않음에도, 노인들의 인식 속에서 마을 간의 거리는 지리적 거리보다 심리적, 정서적 거리가 더 크게 작용하였다. "이 마을로 오니까 텃세가 좀 있었어요. 갈등도 많이 느꼈어요. 이 섬이 6개 부락뿐인데도 갈등이 좀 있어요"(4), "다른 마을하고 유기적으로 관계를 잘 안 하고"(5), "서로 다른 마을 사람들을 촌사람으로 여기는"(1) 등 마을 간의 보이지 않는 경계가 강했으며, 대립과 경쟁의 관계가 두드러졌다. 그 이유는 역사적 사건에서 비롯된 경향이 높았다.

섬에서의 가장 중요한 공간을 꼽으라면 학교와 항구인데, 이 두 시설을 확보하는 과정에서 마을 간에 입은 상처가 수십 년이 흐른 지금까지 크게 남아 있었다. 섬 지역에서 학교와 항구가 갖는 의미는 육지인들이 생각하는 그 이상으로, 섬의 생명줄과도 같았다. 학교와 항구는 섬을 탈출하게도 하고 동시에 섬으로 인구를 유입시키기도 하는 출입구였다.

조사 지역 섬은 행정적으로는 하나의 면 단위이지만, 다리로 이어진 두 개의 섬으로 구성되어 있다. 다리가 놓이기 전에는 작은 나룻배로 섬을 이동해야 했기에 특히 학교의 유치는 어린 자녀들의 등하교와 관련하여 각 섬의 사활이 걸린 문제였다. 결국 아래(下) 섬은 중학교를, 위(上) 섬은 항구를 하나씩 나눠 갖는 것으로 결론을 맺었지만, 그 갈등은 매우 뿌리 깊게 노인들의 가슴 속에 각인되어 있었고, 이는 젊은 세대들에게 지속적으로 학습되어 내려왔다. 항구를 가진 위(上) 섬은 어선들과 관광객을 태운 여객선의 잦은 출입으로 상권이 발달되었으나, 학교를 선택한 아래(下) 섬은 젊은 인구 층의 감소로 학생들 수가 줄어들어 폐교의 위기를 맞고 있었다. 그럼에도 학교를 유치했다는 것은 아래 마을 어른들의 자부심이었다. 노인들은 그들의 자부심과 과거의 갈등을 현재 세대에게도 계속 주지시키고자 하나 과거를 경험하지 못한 젊은 세대들에게는 생각을 바꾸려 하지 않는 노인들의 이미지만 각인시키는 결과를 낳고 있었다.

> 마을 회의에 들어가 보면 어른들이 옛날의 갈등 그걸 계속 젊은 사람들한테 주지를 시켜요... 어른들이 계속 젊은 사람들한테 대물림하듯이, 세대물림하듯이 마을 관계를 옛날에 안 좋은 일, 여러 가지 갈등을 주지시켜요. 젊은 사람들은 하고 싶은데 어른들이 반대해서 못한 게 많아요... 생각을 바꾸지를 않아. 생각이 깨어있는 사람한테 뭘 배워야 되겠다, 우리 마을을 변화시켜야 되겠다는 생각을 전혀 안 해요. 5.

이러한 배타성은 "외지인에 대해 상당히 배타적이에요. 이 지역 안에서도 또 지역으로 나눠집니다. 서로 다른 마을 사람들을 촌사람으로 여기고, 어느 마을에 사느냐고 꼭 물어요"(1)라는 한 참여자의 말처럼 마을 간, 젊은 세대와 노인 세대 간뿐만 아니라 외지에서 들어온 정착민에 대해서도 강하게 존재했다. 외지인들에 대한 부정적인 인식은 그들이 현지 주민들을 무시하고, 육지에서 어떤 삶을 살다 왔는지도 모른다는 의심과 마을의 고유한 정체성을 훼손시킨다는 것이었다.

> 나이 먹고, 그러니까 아주 유입되는 인구가 질이 나빠요. 낚싯대나 들고 왔다 갔다 하고. 나이 먹고 힘없는 사람들만 들어왔다 나갔다 하니까. 5

> 돈 떼어먹고 들어온 사람도 있고, 피신 와서 숨어서 사는 사람도 있을 거야. 좋은 사람이 와서 살면 좋겠지만, 나쁜 사람들이 와서 살면 안 온 것만 못하지. 3

> 옛날 말에 그런 말 있잖아요. 굴러온 돌이 박힌 돌 뺀다. 그러니까 이 사람들이 도시에서 사장인지 최고인지는 모르겠어요. 그러나 와가지고 사장이라고 서로 부르고 어쩌고 하면서 지방 사람들을 무시하려고 그러고. 지방 사람하고 교류도 잘 안 하려고 하고. 우리 같은 사람이 얼마나 살라는지 몰라도 우리가 죽은 후에는 이 동네가 완전히 육지사람 동네가 아니겠느냐 이런 것을 수시로 피부로 느껴요. 8

배타성은 정체성에 대한 강한 고집으로 볼 수 있지만, '우리 마을'이라는 의식 속에 갇힌 배타성은 섬 전체 틀에서의 공동체가 아니라 집단이기주의에 불과한 것으로, 섬 발전의 장기적 안목의 부재, 유기적 관계의 부재를 의미하는 것이었다.

② 육지와 다른 시간이 지배하는 장소

바다로 둘러싸인 섬에서의 시간 관념은 육지와 전연 다르다. 갑자기 날씨가 거칠어지면 배가 결항되고 섬 밖에서 물건과 사람이 들어오지 못하고, 섬 밖으로 나가지도 못한다. 섬에서 꼭 지켜야 할 약속이란 없다. 섬의 시간은 우연에 의해 보다 많이 좌우된다. 우연(偶然)이 지배하는 환경에서는 인내심과 순응적 성향이 강해질 수밖에 없다. 그러나 반면에 척박한 환경에서 자연이 허락하는 시간에는 재빨리 목적했던 일들을 처리해야 하므로 섬 사람들은 성격이 거칠고 급한 경향이 많은 편이다.

> 자기 맘대로 들어왔다가 자기 맘대로 못 나가는 게 섬이에요. 우리는 항상 그래요. 육지 분들이 나 내일 나간다 그러면, 당신 뭔 맘으로 내일 나간다 하냐고. 잠을 자고 아침에 일어나 봐야 안다고. 섬이라는 것이 그렇게 힘든 곳이야. 왔다가 내 맘대로 나가고 들어올 수 있는 곳이 아니에요. 2

> 제주에 볼일 보러 갔다가도 바람 불면 못 들어오는 거고. 이틀이고 사흘이고 거기서 돈 쓰고 못 들어오고. 그냥 받아들이는 거죠. 5

> 섬 사람들이 좀 거칠어요. 성질이 급해요. 왜 급하냐. 날씨에 쫓겨 다니다 보니까 자동적으로 몸에 배서 급해지는 거예요. 2

③ 속속들이 다 들춰지는 삶

섬은 배타적이지만 다른 한편 상당히 개방적이다. 마을 사람들은 속속들이 다른 집의 가정사를 알고 있으며, 누구네 집 자녀가 왔다 갔다, 누가 병원에 실려 갔다는 정보는 쉽게 알 수 있는 것들이었다. 숨김이 없는 삶은 독거노인이 위험에 처하기 전 예방을 가능하게 하는 장점도 있지만, 자녀들이 이 지역 내에 위치한 요양시설에 부모님을 모시는 것을 제약하는 장애 요인이 되기도 했다. 마을에 비밀이 없을 정도의 개방성은 지역 내에 있는 요양시설에 부모님을 모시는 것을 꺼리게 하는 요인으로 작용하고 있었다. 즉, 누구의 자식이 요양시설에 부모를 맡겼다는 것이 마을에 알려지는 것을 불편해하는 것이었다.

> 동네가 빤하다. 1
>
> 섬 사람들은 숨김이 없어. 숨김 없다는 거… 어쩔 수 없이 119를 불러서 나가야 하는 것 그런 것이 좀 아쉽죠. 119 불러서 나가면 동네 사람들이 뭔 일이 일어났는가 걱정들 하고 그러잖아요. 마을에서 일어나는 일백프로 다 안다고 해도 과언이 아니죠. 2

④ 육지에 대한 갈망 : 가난으로부터의 탈출구

섬에 사는 사람들은 일생 동안 섬을 벗어나 육지로 진출하는 것을 최고의 희망이자 목표로 삼는다. 자녀들은 형편이 되면 일찌감치 육지에 있는 학교를 보내며, 늦어도 고등학교 진학으로 섬 밖으로 내보낸다. 육지에 비해 섬은 절대적으로 기회가 부족하고 일거리가 없어 빈곤한 삶을 살 가능성이 높은 관계로 부모나 마을의 어르신이나 할 것 없이 젊은 사람들은 가능하면 육지로 나갈 것을 권한다. 그 결과 마을은 노인만 남게 된다.

내가 너무 고생하고 살았으니까... 여기는 공장도 없고 그러다 보니까, 여기서 살면 배고프게 사니까. 그러다 보니까 배안 굶게 살게 할려고 하니까 다 내보내는 것이지요. 3

젊은 사람들은 자꾸 나갈려고만 해요. 여기 수입원이 없어서. 경제적으로, 교육도 그렇고. 일자리가 적고 해서 자꾸 나갈려고만, 틈만 나면 나가요. 5

어린 아이도, 젊은 사람도 없는 거죠. 고등학교만 해도 외지에 나가야 되는 거예요. 젊은 사람들이 점점 줄고, 농촌 어디라도 그렇지만 다 나가고 없으니까 노인들뿐이죠. 1

사람 볼 수가 없어요. 사람이 없어요... 우리 처갓집이 있던 마을은 남자들이 한두 명 정도? 경로당이 지어졌어도 사람이 있어야지. 사람이 없으니까. 4

저의 주장이 지금까지도 후배들한테 이야기하는 말이, 일단 육지로 나가라는 거예요. 왜 그러냐면 섬에 살면서 길거리에 돈을 줍는다면 백 원짜리, 천 원짜리밖에 못 줍지만, 도시로, 사람이 많은 곳으로 가서 산다면 만 원짜리도 주울 수 있는 것 아니야. 일단 이 지역은 테두리가 이것밖에 안 되니까 육지로 나가서 사는 것이 좋다. 8

(4) 노인들이 경험하는 섬 생활

섬 지역 노인들에게 의미 있는 장소는 그들의 하루 일상을 통해 알 수 있었다. 그들은 집, 경로당, 교회를 중심으로 생활하였으며, 매일 방문을 열면 바로 내다보이는 바다와 배가 그들에게 의미 있는 장소였다. 이 주제와 관련하여서는 섬 지역 노인들의 하루 일상, 섬 생활에서의 어려움에 대한 인식, 섬에 남은 것에 대한 인식, 섬 지역 노인에게 의미 있는 주요 장소로서 바다, 배, 집, 경로당 등에 대한 경험과 인식 들이 조사되었다.

① 섬 노인들의 하루 일상

섬 노인들의 생활은 경로당과 교회, 집 중심으로 이루어졌다. 여성 노인들과 남성 노인들의 경우 그 차이가 확연했는데, "노인정밖에 안 다녀요. 죽으나 사나 거기서 산다"(11)라는 한 참여 노인의 말처럼, 여성 노인들은 경로당과 집을 중심으로 한 생활이 다였다. 그러나 남성 노인들은 경로당을 거의 이용하지 않아 주 활동 공간이 집으로 국한되어 있는 편이었다. 경로당을 찾지 않는 이유는 나이 든 사람들만 가는 곳이라는 인식과 여성 노인들이 준비해 주는 점심 식사를 하는 것에 관련된 불편함 등이었다.

> 남자 어르신은 경로당에 안 모여요... 할아버지들은 점심 안 해요. 여기 와서 할머니들이 해주는 것을 앉아서 같이 먹을려고 하지 않아요. 서로 어울려서 친구삼아 지낼 수도 있는데... 특별한 행사 있어서 방송하고 하면 모이는데, 그 나머지는 평일 때는 별로 안 모여요. 8

> 경로당에는 나이 먹은 사람만 가지, 잘 안 가지지요. 나이가 65세 이상이면 갈 수 있는데, 70이 넘어야 가는가... 4

경로당은 월요일부터 토요일까지 오후 4시까지만 했다. 여성 노인들은 오전에 집에서 식사하거나 집안, 텃밭 일을 대충 해놓고 11시 쯤 점심시간이 되면 모여서 함께 식사 준비를 하고 점심과 간식을 먹고, 얘기를 나누다 4시가 되면 모두 집으로 돌아가는 것이 정례적이었다. 교회생활을 열심히 하는 한 연구 참여자의 경우에는 경로당에 나가지 않는 이유로 경로당에서는 세상 얘기만 많이 나오기 때문이라 하였다. “아직은 내가 경로당에 잘 안 가요. 왜 잘 안 가나면 교회생활하다가 보니까. 거기는 가면 맨날 세상 말만 하고 그러더라고요.”(7).

관찰과 인터뷰 자료를 기초로 하여 여성 노인들의 하루 일과를 재구성해 보면 대체로 다음과 같다.

새벽에 일어나 경로당에 나가기 전까지 집안이나 텃밭이 있는 경우 텃밭을 잠깐 돌보면서 시간이 되기만을 기다린다. 11시부터는 경로당에 모여 점심식사 준비를 하는데, 나이가 다소 젊은 노인들이 점심 준비를 하고 나이가 많은 노인들은 소파와 바닥에 앉아 이야기를 나눈다. 식사를 마친 이후에는 모여 앉아 텔레비전을 보거나 이야기를 나눈다. 이때 나누는 이야기들은 소소한 일상들이다. 예를 들어, “오늘은 무슨 일 있다, 내일 무슨 일 할 거다. 들에 갔다, 산에 갔다, 갯가에 갔다 그런 소리하는 거죠”(9). 그러다가 4시가 되면 모두 집으로 돌아간다. 집으로 돌아간 뒤에는 저녁을 해 먹거나, 텔레비전을 본 뒤 11시쯤에 잠을 청한다.

> 아침에 밥 해먹고, 일 좀 해놓고, 경로당에 가서 점심 해먹고 놀다가 저녁에 오고. 매일 그렇게 지내요... 하루가 금방이야. 아침, 저녁 김맬 거 있으면 김매고, 그러고 나서 또 경로당 나가고. 9

노인들에게 저녁은 고통이다. 잠이 오지 않을 때는 꼬박 날을 새기도 하며, 오로지 다음 날 경로당에 나갈 시간이 되기만을 기다린다. 이러한 일상은 즐겁기도 하지만 괴로운 시간이다.

> 이제는 먹으면 자고, 먹으면 자고, 그러니까 괴롭고. 해도 길고 밤도 길고. 11

② 섬 생활의 어려움과 고통

섬은 육지 사람에게는 낭만적인 공간이지만 섬에서 생활하는 주민들에게는 현실적 삶이었다. 현실은 고통과 불편, 부당함 등의 감정으로 나타났다. 섬 지역 주민들이 경험하는 공통된 고통은 고된 바다일 외에는 마땅한 일이 없는 것, 섬 지역에 대한 외면과 정부의 무관심, 자녀와의 이른 생이별, 경제적 타격, 의료시설의 부재, 인력 공급의 어려움, 섬에 남은 사람에 대한 편견 등으로 나타났다.

힘든 바다일 외에는 마땅한 직업이 없음

섬 지역에는 "배에서 하는 일 외에는 다른 직업을 가질 게 거의 없다"(1). 일자리도 매우 제한적이어서 뱃일을 하지 않고 섬에 남아있다는 자체는 가난한 삶을 의미하는 것이었다. 뱃일이나 해녀가 그나마 생활이 되는 주된 일이었지만, 뱃일 자체가 죽음을 넘나들어야 할 정도의 힘든 일이어서 꺼리는 직업이었다. 여성들의 경우는 해녀 일을 하면서 생계를 유지하고 심지어 젊을 때는 수입이 좋아 해녀가 있는 집의 경우는 자녀 교육은 물론 형제들의 교육이나 생계를 돕는 가장의 역할을 도맡기도 했다. 젊어서부터 해녀 일을 한 경우는 나이가 70, 80이 되어도 일을 하는 경우가 있으나, 남자들은 뱃일의 경우 나이 들어서는 계속하기 어렵기 때문에 60대부터 노동 현장에서 벗어나 있었다. 이로 인해 남성 노인들은 자신들의 노년 생활을 여성 노인들에 비해 더 비참하게 인식하고 있었다.

> 애들이 5남매인데. 내가 다 키웠어요. 남편 죽고 나 혼자서. 농사 조금 짓고, 물질하면서 그렇게 자식들 공부 가르치고 결혼시키고 했어요. 7

> 평생을 여기서 해녀로 계시던 분들이 꽤 많으세요. 해녀 중에는 70세 넘은 분들도 계세요. 80넘은 분도 계시고요. 해녀 일을 아직도 하세요. 1

> 20년 동안 그럭저럭 별 활동할 거 없이 그대로 살았지요... 아침에 일어나 교회 새벽기도 갔다 와서 밥 먹고, 친구들 만

나 잠깐 이런 저런 대화하고. 그런데 일거리가 없기 때문에 나가지를 못하고. 그럼 해지면 다시 밥 먹고 잠자는 이런 생활이 반복되는 거지요. 이런 생활을 보내다 보니까 남한테 뒤처지는, 부끄러운 이야기지만 그런 실정이지요. 8

사회와 국가로부터의 소외

참여 노인들은 정부의 혜택이 섬 지역에까지 내려오지 못하는 것에 대한 불만이 강했다. 섬 지역 주민들이 무엇을 원하고 바라는지에 대한 관심이나 배려가 부족하고, 뉴스에서는 여러 가지 농어촌 개발 정책을 보도하지만 그것이 섬 지역 주민들에게는 공허한 소리에 불과했다. 이러한 처지를 한 노인은 우리가 "불구자 자식, 병신 자식"이기 때문에 그렇다며 자조적인 한탄을 하기도 했다.

아직까지는 농어촌 사람들이 원하고 바라는, 거기까지 손은 미치지 못하고 우리가 살고 있다는 아쉬움은 들지요. 정부가 여러 가지 개발정책을 펴고 백성을 잘살게 만든다 어쩐다 하지만... 그런 말을 들으면서 우리가 갖는 감정은 우리는 불구자 자식이다는 생각이에요. 섬 사람들은 불구자 자식이다. 당신네들이 우리 속을 모른다. 불구자, 병신 자식의 마음을 모른다 말이야 하면서 어떤 때는 반감심이 생겨요... 정부에서도 우리가 살고 있는 현재의 이 고통, 이 설움을 10분의 1, 100분의 1만 안다 해도 이렇지는 않을 것 아니냐. 병신 취급당하는 것 아니냐 이렇게 느껴진다 말입니다. 8

자녀와의 이별이 빠름 : 가족관계 기간이 짧음

섬 지역에서 자녀를 고등학교, 대학교에까지 진학시킨다는 것은 소위 해외 유학을 보내는 것과 같았다. 자녀들만큼은 섬에 남아 노인들 자신이 겪은 불구자적인 삶을 살게 하지 않겠다는 것이 섬 사람들의 공통되면서도 일관된 의지였기에 자녀들을 일찍부터, 빠르면 초등학교 때부터 육지로 유학을 내보는 것이 부모 됨의 도리라고 생각하고 있었다. 그래서 자식을 품안에서 보듬어 키울 수 있는 시간은 육지 사람들에 비해 매우 짧을 수밖에 없었다. 자녀를 떠나보내는 순간부터 그들에게 자녀는 몸으로는 가까이 할 수 없는 남의 자식이나 다를 바 없었다. 자녀와의 이른 이별은 섬에 사는 사람들이 감내해야 하는 운명이라 인식하고 있었으며, 평생을 자녀에 대한 그리움과 가까이서 챙겨주지 못한 미안함을 가슴 속에 안고 살아가고 있었다.

> 유학을 보냄과 동시에 집을 떠나요. 그러면 남의 자식이 되는 거예요. 나는 일하고 있지만 자식은 가르쳐야 되지 않습니까? 가르치려다 보니까 남의 자식이 될 수밖에 없어요. 자녀들과 같이 살고 싶은 생각이야 어찌 없겠어요. 현실이 안 되니까. 아이들이 들어오려고 합니까? 넓은 시야에서 보다가 이런 좁은 데로 들어오겠어요? 들어오라는 말은 못해요. 2

> 애들 중학교 때부터 내놓고. 중학교도 부산에서 다녔어요. 우리는 애들이 참 그리워요. 보고도 싶고. 애들하고 못살아서 한도 되고. 학교 다닌다, 군대 간다 뭐한다 하면서 애들하

고 우리는 못 살아 봤어요. 해먹일 거 제대로 못해 먹이고 후회는 되지만 어쩌겠어요... 첨에 내보낼 때는 그럴 맘이 없었죠. 같이 살라고 하는 마음이었죠. 3.

자녀와의 관계는 짧은 경우는 초등학교 초반까지, 약 10년 정도 같이 생활한 게 다일 정도였다. 육지 사람들과는 달리 자녀들을 자주 만나러 가는 기회를 내기도 힘들어 참여 노인들은 자녀에 대한 그리움과 미안함의 마음이 가슴 속에 크게 자리잡고 있었다. 한 어르신은 경주에 살고 있는 자녀가 보고 싶어도 가는 것을 포기할 수밖에 없는 이유를 다음과 같이 이야기하였다. 노인들이 가기에는 너무나 멀고 힘든 여정이었다. 섬에서 계속 산다는 것은 부모-자녀 관계를 일찍부터 단절시켜 자녀와의 동거나 자녀에게 의지하는 삶을 거의 생각하지 못하게 하는 것을 의미했다.

막내딸은 경주에 있어요. 경주에 한번 갈려면 배 타고 나가서 제주에서 비행기 타고 서울 가서 기차 타고 가야 해요. 한참 걸려요. 9

의료시설의 부재

참여 노인들이 한결같이 언급하는 내용은 의료시설의 미비였다. 병원이 없고, 응급환자가 생기면 헬기나 군함을 타고 나가야 하는 상황은 그들이 말하는바, "죽을 일이 걱정인" 노인들에게 가장 큰 불안이자 걱정거리였다.

> 병원이 없는 게 제일 어려운 점이죠. 위급한 환자가 생겼을 때는 보건소에서 응급실을 운영을 하지만, 거기 일차적으로 해서 안 되면 그 다음에는 헬기로 제주도로 모시고 나가야 되거든요. 1

> 제일 걱정이 뭐냐 하면 갑자기 몸이 아프다든가 할 때죠. 어쩔 수 없이 119를 부르기도 하고, 헬기는 보건소에 가서 보건소장이 요청하면 뜨죠. 헬기가 안 되면 군함을 타고 나가지요. 2

육지보다 가난에서 벗어나기 힘든 삶

섬과 육지를 왕래하는 여객선 운임료 할인 등 섬 지역 주민들을 위한 혜택도 몇몇 있지만, 그럼에도 불구하고 교육이나 의료비 등 같은 사안에 대해서도 도시 지역에 비해 경제적 비용이 더 많이 들어가는 것이 고통이었다. 특히 질병으로 도시에서 병치료를 받아야 하는 경우에는 입원치료비 외에 숙박비, 왕래비 등, 배를 팔거나 집을 팔아야 하는 지경에 이른 경우도 많다고 하였다. 집을 개조, 수선해야 하는 경우도 건축자재를 육지에서 사들여 와야 하므로 부가적으로 지출되는 비용이 많은 편이었으며, 이런 상황에서 섬 지역 주민들은 경제적으로 가난에서 벗어나기 어려웠다.

> 자기 밑으로는 그리 큰돈이 안 들지만, 생필품이 다 육지에서 들어오잖아요. 모든 것이 다 육지에서. 지출이 엄청나게 많아요. 예를 들어, 애들 교육비라든가, 나이 드신 분은 의료비라든가. 건축비도 비싸죠. 시멘트, 모래 전부 다 육지에서 들여다 오니까. 5
>
> 제주 병원에 있다가, 부산으로 옮겨갔다가... 병원비 대려고 우리 집을 팔았어요. 7
>
> 어르신이 돌아가신 지 한 10년 됐어. 폐암으로. 그때 보험을 안 들어서 배 한 척 팔아 다 들어간 거야. 서울 왔다갔다, 중앙병원 다니다 보니 돈이 억수로 들었지. 10

섬에 계속 거주해 온 사람을 패배자로 보는 시선

섬을 떠나지 못하고 남은 것에 대해서는 후회와 회한이 많았다. 섬을 떠난 사람은 성공한 사람, 섬에 남은 사람은 퇴보한 인생이라는 이분법적 시각이 일반적이었으며, 따라서 섬을 떠났다가 다시 귀향한 사람들에 대해서도 부정적으로 평가하는 경향이 많았다. 한편으로는 이 섬을 지켜냈다는 혹은 고향을 지킨다는 자긍심도 일부 있지만, 현실적으로 그들 삶이 열악하므로 그것 또한 부질없었다는 자책으로 이어졌다.

후회가 사실 막심하지요... 가끔 부인한테도 농담 겸 진담 겸 욕을 먹어요... 친구들은 다 도시로, 부산으로 각지로 나가가지고 현재 밥먹고 살 만하고 그런데, 제일 퇴보된 인생이 내가 아닌가, 이런 후회감이 들어요. 8

외지로 나갔다가 되돌아온 사람들은 가난해서 온 사람처럼 취급하고, 망해서 온 사람으로 취급하고... 돈 벌어서 다 떠나 버리고. 여기는 한마디로 노인하고 가난한 사람들만 모여서 사는 거예요. 5

나간 사람들이 좀 잘 된 편이죠. 섬을 지켰다는 자부심은 있지만, 그걸 누가 알아주나요? 예전에 못 나간 거 다 후회되죠. 나이 들고 나니까 이제는 못 나가는 거지. 4

섬에 남은 사람에 대한 무시와 부정적 인식은 뱃일 하는 사람에 대한 사회적 편견과도 연결되어 있었다. 일단 섬을 떠난 사람은 부모들이 교육을 시키기 위해 내보냈기 때문에 배운 사람이고, 그래서 험한 뱃일이 아닌 일반 직장 생활하는 사람이라는 인식이 강했다. 섬 사람들의 인식 속에는 섬에 남아서 배를 탄다는 것은 곧 배우지 못한 사람임을 의미하는 것이었다.

배운 사람들이 다 떠나고. 실제 이 섬에는 유능한 사람들이 다 떠나고 없어요. 5

우리는 맏이라서 여기 남았는데. 한 마디로 똑똑하지 못해가지고. 10

> 못 배우면 배를 타고, 배운 사람은 다 직장 생활하고. 조금이라도 배운 사람들은 다 나갔어요. 우리 아들은 배를 안 타니까 그게 다행이야. 9

그럼에도 불구하고 섬에 남은 사람들은 그들이 아니면 이 섬을 누가 지켰겠는가라고 되물었다. 다 떠나면 지금의 발전된 섬은 없었다는 것이다. 섬을 지켜냈다는 혹은 고향을 지킨다는 자긍심도 있었지만 그것은 자기 위안에 머물고, 현실적으로 결과로 나타난 그들 삶이 열악하므로 그것 또한 부질없었다는 자책으로 이어졌다.

> 동네일을, 젊은 나이에 동네일을 봤어요. 이장, 새마을 지도자, 어촌계장까지... 동네일에 한번 미쳐놓고 보니까 딴 것에 뭣이 없더라고요. 안 생겨요... 동네일이 십여 년이라는 세월이 내 인생을 이렇게 잡아먹은 것이 아니냐 하는 생각이 들어요... 그때 내가 동네일을 맡아서 한 것이 내 인생을 이렇게 마무리하게 된 것이 아니냐 하는 그런 후회감이 들어요. 7

생활 편의시설의 부족

섬 지역 주민의 감소로 생활에 기본적인 편의시설들이 없어 머리를 하거나 외식을 하려면 상권이 형성된 윗마을로 가거나 배를 타고 제주나 목포시로 나가야 하는 불편함이 일상화되어 있었다. 차를 마실 다방도 없어 남자 노인들은 마을 안에서 움직일 공간이 거의 없었다.

> 옛날에는 다방에 가서 누가 차를 사든가 하고. 차 마시면서 몇 시간 보내고 했는데, 인제는 다방도 없고 술집도 없고, 식당도 알다시피 없고. 여기서 여러 사람하고 점심이라도 할라치면 차 타고 윗마을까지 가야 하니까. 점심 한 그릇 먹을려고 왔다갔다 하는 노인들 보면 고생스럽고. 8

> 미용실도 그전에는 있었는데, 이제는 여기 없어요. 사람들 수가 없고 그래서 육지로 나가기도 하고. 안 되니 없어진 거죠. 9

> 제주에 자주 다녀요. 머리 파마 같은 거는 제주서 해요. 10

(5) 섬 지역 주요 장소에서의 경험 의미

조사에 참여한 섬 지역 노인들의 말 속에서 자주 언급되는 장소는 집, 경로당, 바다와 배, 마을이었다.

① 바다와 배에서의 경험 : 죽음과 삶이 공존하는 공간

바다와 배는 육지로 드나듦의 불편함과 태풍과 바람이 빈번한 두려운 장소이지만, 그들 삶을 건져 올리는 곳이었다. 매번 바다 일을 나갈 때마다 목숨을 내놓고 나가고 물속 깊은 곳에서 기절도 하여 죽음의 문턱까지 갔더라도 다음 날 아침에는 다시 바다를 찾게 되는 운명과 숙명의 공간이었다.

해녀로 평생을 살아 온 노인의 경우, 물속 깊은 곳에서 기절하여 죽음 문턱까지 갔더라도 다음 날 아침에는 또다시 바다를 찾게 된다고 하였다. 섬에서는 육지의 시간과 공간 개념이 통하지 않았다. 인간의 의지대로 약속 시간을 정할 수 없는 곳이 섬이었다. 눈에 보이는 것이 아니라 오랜 세월 익혀온 바다의 언어가 중요했다. 바로 앞에 펼쳐진 바다가 잔잔하다고 하여 배를 띄우는 것은 아닌데, 먼 바다에서는 거친 파도가 몰아치고 있을 수 있기 때문이다. "하루에 세 사람이 한 번에 죽어 제사가 하루에 있는 집도 있듯이"(11) 섬 사람들에게 바다는 목숨을 걸어야만 하는 일터로서, 삶과 죽음은 뱃바닥 한 장 차이, 물속 한 끝 차이일 뿐이라고 생각했다. 바다가 허락하지 않는다면 아무것도 할 수 없다는 생각은 숙명론적 태도를 갖게 했다. 해녀나 뱃일을 하는 사람들은 그들이 언제 죽을지 짐작할 수 없으며, 다만 오라 하면 가야 할 운명이라고 생각하였다.

> 우리는 내일 죽을지, 모레 죽을지, 밤에 죽을지 몰라요. 오라 하면 가야 될 운명이고 언제 죽을지 몰라. 바다에 목숨을 걸고 생명을 걸고 다니잖아요. 바다에 나갈 때마다 이런 생각을 하고서 나가요... 내가 잠수질하면서 남보다 돈도 많이 벌고 했지만 물속에서 기절도 3번이나 했어요... 그거를 버리지 못하고, 그것을 안 하면 못 사니까, 나는 하기 싫은데 안 하고 살았으면 좋겠는데. 3

> 배에서 하는 일은 너무 힘들고. 하루에 세 사람 죽은 집도 있어요. 아들하고 남편. 세 사람이 한꺼번에 죽어서 제사가 하루에 있는 집도 있는 거예요. 1

그들에게 있어 배는 부부가 함께 일한 노동의 공간이자 자녀를 교육시킨 성취의 공간이었으며, 힘든 역경에 힘이 되어준 자산이자 같이 늙어가는 동반자였다.

> 할멈, 영감 둘이 배 하나 타고, 고기도 낚고 그물도 놓고 해서 고기도 많이 잡았죠... 할아버지는 키잡고 나는 앞에서 그물 놓고... 나이도 먹고 배도 늙어서 물도 들고, 같이 늙고 해서 뱃일을 그만두었지. 9

> 바다만 보면 기뻤어요. 배 타고 나가면 시원한 바람이 그렇게 기분이 상쾌할 수가 없어요. 고기를 못 잡아도 바다만 보면 좋아요. 6

> 애들이 5남매인데. 내가 다 키웠어요. 남편 죽고 나 혼자서. 농사 조금 짓고, 물질하면서 그렇게 자식들 공부 가르치고 결혼시키고 했어요. 7

② 집의 경험과 의미

집은 물리적 공간이기도 하지만 대부분의 노인들에게 있어서는 상징적 공간의 의미를 보다 많이 가지고 있었다. 노인들에게 있어 집은 의미 덩어리 그 자체였다. 집은 노인들에게 자유와 살아있음이자, 내가 살림하고, 자녀를 키우고, 남편과 함께 건축한 추억과 기억의 장소이며, 누구의 방해도 받지 않고 쉴 수 있는 육신의 최대 안식처이며, 진정한 고향이었다.

위험과 불안보다 더 중요한 건 자유

"왜 체르노빌에 남아 있냐고요? 집이니까요." 다큐멘터리 감독 홀리 모리스(Holly Morris)가 체르노빌 원전 사고가 발생한 이후 위험 지역으로 선포된 지역으로 돌아가 계속 거주하는 노인들을 인터뷰한 기사의 헤드라인이다. 그들에게는 방사능보다 더 무서운 것은 집, 나아가 고향을 떠나면 죽는다는 것이었다. 이는 그들의 인생과 위험에 대한 시각이 일반 사회가 갖는 시각과 확연히 다르다는 것을 잘 드러내 보여주었다.

섬 지역 노인들 또한 그들의 삶의 기저에는 위험과 불안이 있었다. 체르노빌 지역의 노인들처럼 이들 또한 죽음을 늘 가까이했다. "사는 것은 걱정 없고, 죽을 일이 큰일이야. 어떻게 죽을란가 그게 걱정이지, 다른 것은 없어"(11)라는 한 참여자의 말처럼, 혼자 사는 것의 위험, 즉 아무도 없는 데서 언제 어떻게 아플지 모른다는 두려움은 모든 노인들에게 공통되었다. 그러나 이러한 위험과 불안보다 더 큰 두려움은 자신들이 익숙하지 않은 낯선 지역은 감옥과 같으며, 그런 감옥 같은 데서 살고 싶지 않다는 것과, 언젠가는 원치 않는 장소로 이동되어 집을 떠나게 될 것이며, 집을 떠난다는 것은 산 목숨이라도 죽은 목숨이라는 생각이었다.

> 육지로는 안 가요. 답답해요. 집 안에 갇혀 있어서. 제주에 가서도 운동한다고 돌아다니기도 하지만, 그래도 친구들하고 노는 여기가 좋지. 9
>
> 나 혼자 있으니까 편해요. 외롭다는 느낌은 없어요... 여기에는 90살 먹은 노인도 혼자 살고 그래요. 근데 아파트는 문도 못 열고, 번호도 못 누르고 꼼짝도 못하게 되면, 답답해 못살아. 10
>
> 그때는 죽은 목숨이니까 할 수 없지. 내가 거기 갈 때는 내가 죽었지 산 것은 아니지요. 11

기억과 추억의 장소

살림과 집안일을 하는 것은 아무리 건강하지 못한 노인들이라도 그들에게 자유와 살아있음을 일깨워 주는 것이었다. 집은 단순한 물리적 공간이 아니라 "내가 살림하던 집", "남편과 함께 지은 집" 등 기억과 의미의 공간이었다. 누구도 귀찮게 하지 않는 오롯이 자기만의 공간이기도 했다.

> 분가를 안 시켜줘서 시집살이를 9년인가 했어요. 그 후 이 집을 사갖고 살다가 남편이 이 집을 지었어요. 9
>
> 집으로 와야지. 살림도 하고, 집의 것도 하고 그래야지 경로

당에서만 있어서 되겠어요? 왔다갔다 하는 게 좋아요. 집이 없어야 되겠어요? 11

육신의 최대 안식처

노년에는 자신의 몸을 마음대로 뉘일 수 있는 공간이 절실히 필요하다. 노년에 홀로 사는 집은 외로움과 고독이라는 고통이지만 한편으로는 편안함과 안락감을 제공해 주었다.

> 힘들고 외롭더라도 내 집을 지키고 있는 게 그것이 복이다. 노후가 되니까 집은 육신의 최대의 안식처라고 느껴져요. 내 집이라도 있으니까 이런 저런 생각도 하고 하지. 만약 집없이 빌려서 산다면 그런 것을 주장할 수는 없지요. 8

> 편하기는 여기가 제일 편하죠. 막내 딸도 오라 하지만 내 집이 제일 편하다 그래요. 막내 딸네 갈려면 배 타고 나가서 제주에서 비행기 타고 서울 가서 기차 타고 가요. 한참 걸려요. 9

오래 정든 고향

고향은 일반적으로 출생지를 뜻한다. 그러나 노인들에게 고향은 자신이 태어난 곳보다는 현재 살고 있는 마을, 집을 의미했다. 부모나 형제자매보다는 낯익은 풍경, 익숙한 친구들이 고향의 의미를 강화시켜 주었다. 조사에 참여한 노인들은 현 거주지에서 생활한 시간을 따지면, 같은 마을에서 장소만 이동한 경우는 거의 70~80년의 시간이었으며, 타지나 이웃 마을에서 이동해 와 현 주거지에 머무는 경우는 30~40년이 되었다.

> 자녀들은 그들이 있는 데로 모시고 싶어 해도, 어른들은 고향에 있고 싶어 하죠. 다 낯익은 풍경이고, 여기 다 친구들이에요. 싸우기도 하지만, 여기 있고 싶어 하고. 1
>
> 20대에 시집와서 여기서 정들어버리니까 여기에 살고, 태어난 고향은 오히려 타지 같죠. 3
>
> 나가면 들어오기 싫고 들어오면 나가기 싫은 것이 고향 땅이에요. 자식들이 있으니까 또 나가고, 불편하니까 또 들어오고. 3
>
> 여기서 36년 동안 살았으니까 여기가 지금 고향이죠. 정착하고 사니까 여기가 고향인 것이죠. 거기는 태어나기는 해도 친척들도 많이 없고 다 나가버리고. 4
>
> 출생한 후로 지금까지 여기서 살고 있어요. 금년에 80이니까 80년이라 해도 되겠지요. 한 번도 이 지역을 떠난 적도 없습니다. 8

떠나면 다시 올 수 없는 장소

노인들은 비어가는 마을에 대해 이야기를 했다. 젊은 사람들이 사라진 것이 벌써 과거의 일이라면, 현재는 노인들도 점차 사라지고 있는 것을 경험하고 있었다. 마을에는 빈집들이 늘고 있었으며, 빈집은 방치된 채 풀이 우거져 있었다. 외지인들이 리모델링하여 사는 경우도 있었지만, 들어오는 사람보다는 병으로, 사망으로 인해 외지로 나가는 경우가 더 많았다.

> 마누라가 죽으니까 제주로 떠버리고. 돌아가시고. 한 집은 할머니가 살다가 제주서 돌아가셔서 지금 비어있어요. 또 한 집은 할머니가 서울 가서 안 온 지가 1년도 넘었나, 가서 안 오고 있어요. 좀 답답하죠. 집에 사람이 살아야 되는데 다 비어갖고 있으니까. 동네가 사람들이 떠나고 없으니 좀... 3
>
> 동네에 사람이 없어요. 82살, 80살, 78살이 다 죽어버렸어. 11
>
> 우리 친구, 두 사람이 가버렸어. 벌써 가버렸어. 가는 걸 보면 마음이 안 좋죠. 9

그들에게 있어 죽는 일은 죽는 것 자체가 아니라 자신이 살고 있는 섬을 떠나는 것이었다. 육지로 나가 자녀 집이나 병원에 입원해 있는 노인들은 그들에게는 죽은 목숨이나 다를 바 없는 것이었다.

> 노인이 늙으면 무조건 요양원으로 보내려고 한다 말입니다. 자식들이 요양원으로 모시잖아요. 그러면 어쩔 수 없지요. 우리 부락만 해도 여러 분이 가셨어요. 거기를 가보니까 죄될 말로 돌아가시는 게 낫겠어. 차라리 오늘이라도 돌아가시

는 게 당신에게는 행운이요 그런 거를 느껴본 적이 많아요... 자식들은 잘 계시겠지 하지만, 지내는 생활이 지옥과 같은 세상이라고. 우리 손을 잡고 울면서 고향으로 갔으면 쓰겠다고. 고향 가서 죽고 싶다고. 내 집 가서 죽었으면 한다는 거야. 7

3. 섬에서의 에이징 인 플레이스는 가능한가? : 전략의 모색

자신의 집을 갖는 것, 자신의 집에서 사는 것은 그동안 고수해 온 생활방식을 유지하는 데 매우 중요하다. 그러나 자신의 집에서, 친숙한 마을에서 사는 것이 건강한 삶의 충분조건은 아니다. 섬을 떠나지 않고 자신의 집에서 이웃들과 계속 살 수 있는 현재의 삶이 축복이라고 생각되지만, 감수해야 하는 불편은 상당했다.

그런데 불편한 정도에 비해 노인들이 원하는 지지나 자원의 수준은 매우 소박했다. 섬이라는 지리적 특성이 갖는 제한을 알기에 다른 국민들과 같은 수준의 정부지원을 기대하는 것은 불가능하다고 인식하고 있었다. 다만, 그들은 섬에 거주하는 주민들의 애로사항을, 또 섬에서 계속 살아가기를 원한다는 것을 정부가 알아주는 것이 중요하다고 생각했다. 국가가 그들의 삶과 고통에 귀를 기울여 주는 것, 집 전체의 개조가 아니라 미끄러운 비닐 장판이나 곰팡이가 핀 벽지를 바꿔 주는 것, 경로당에서 쉬고 싶을 때 누울 수 있는 침대가 몇 대라도 갖춰져 있는 것, 한 달에 한 번이라도 목욕할 수 있는 목욕탕을 만들어 주는 것 정도였다. 그 외 보건지소에서의 치과 진료 확대, 돌봄 인력의 확충 등이 제안되었다.

도시에서처럼, 육지의 다른 지역만큼은 아니라도 최소한 섬 지역 주민들의 현실에서 꼭 필요한 것들만이라도 제공된다면 완전히 혼자서 거동하기 힘들고 자신의 의사를 주장하기 힘든 상태가 되기 전까지는 적어도 고향에서, 자신의 집에서 계속 거주하며 살 수 있을 것임을 제안했다. 연구 참여자들이 섬에서 노인이 되어 살 수 있기 위해 최소한 갖추어져야 할 것으로, 섬 사람도 대한민국 국민이라는 인식, 기본적인 의료시설, 경로당의 반 요양시설화, 노후화된 주택 개량, 지속적인 소일거리, 돌봄 인력의 확충 등을 제안하였다.

1) 섬 지역 주민도 대한민국 국민임을 인식해 주어야

섬 지역에서 에이징 인 플레이스가 가능하기 위한 가장 기본적인 전제는 섬 지역 주민에 대한 진정한 관심이다. 섬 지역은 인구수가 극히 적을 뿐만 아니라 계속 줄고 있어 국가적 관심에서 멀 수밖에 없다. 그러나 섬 지역은 비용효과성 차원에서만 접근해서는 안 된다. 연구 결과에서 나타났듯이 섬에 남은 사람들은 섬을 지켜온 사람들로서 우리나라 영토를 보존해 준 사람들이라 할 수 있다. 가장 사회적 소수자, 약자라 할 수 있는 섬 지역 주민들의 상대적 박탈감을 100% 완벽하게 해소시켜 주지는 못하더라도 그들의 고통스러운 현실에 대한 이해와 관심이 가장 급선무였다. 연구 참여 노인들은 섬 자체가 갖는 지리적 제약으로 인해 행정적으로 지원이 불충분할 수밖에 없는 현실에 대해서는 충분히 이해하고 있었지만, "정부에서 우리가 살고 있는 현재의 이 고통, 이 설움을 10분의 1, 아니 100분의 1만 알아준다 해도 이렇지는 않을 거다"(8)라는 한 참여자의 말처럼, 사회적, 국가적으로 열악한 섬의 현실에 대한 관심 부족이 개선되지 않는다면, 섬 지역에서의 진정한 에이징 인 플레이스는 불가능할 것이다.

2) 최소한 기본적인 의료시설은 갖추어져야

섬 노인들이 가장 절실히 필요하다고 생각하는 서비스는 의료서비스였다. 특히 치과 치료를 섬을 나가지 않고서도 받을 수 있기를 가장 원했다. 현재 섬에서의 치과 진료는 충치 치료나 틀니 정도만이 가능하며, 이를 뺀다든가 도시 지역 노인들은 혜택을 받는 임플란트는 생각도 못하는 편이었다. 왜냐하면 치아 치료는 당일 치료가 거의 없이 시간이 오래 걸리고 병원도

정기적으로 다녀야 하는데, 육지에 계속 나가기가 힘들기 때문이었다.

> 이가 아프면 여기서 치료를 정상적으로 할 수 있는, 다시 말하면 이빨을 뺀다거나 이빨을 새로 넣는다거나 하는 정도의 기술진만은 파견해 달라는 거죠. 우리가 이빨 하나 치료하려고 제주를 가게 되면 여관에서 지내야 한다는 말입니다. 이빨을 그날 당일은 못하지 않습니까. 몇 번 왔다갔다 하고. 고생은 접어두고 그 경비가 얼마나 듭니까. 그래서 이빨을 못하고 중간에 버티는 사람이 많죠. 8

건강을 유지하지 못하는 것은 곧 섬을 떠나야 하는, 원하지 않는 시설이나 감옥이나 다를 바 없는 도시의 자녀 집으로 들어가야 한다는 것을 의미하는 관계로, 섬 지역 노인들에게 의료시설의 의미는 매우 중요했다.

3) 경로당을 반 요양원 시설로

섬 지역 노인들이 대부분의 시간을 보내는 공간은 자신의 집과 경로당이었다. 현재 경로당에서 이루어지는 활동은 모여서 점심 식사를 차려 먹는 일과 이웃들과 담소를 나누는 정도로서 도시처럼 특별한 프로그램은 없었다. 연구 참여 노인들은 경로당이 좀 더 실제적인 도움이 되려면 몇 가지 정도만 충족되었으면 좋겠다는 의사를 표명하였다. 오후 4시 이후에는 각자 집으로 돌아가게 되어 있는데, 혼자 밤을 지새우는 것이 고통스러운 관계로 원하는 경우 24시간 머물 수 있는 장소로 만들기를 원했다. 이를 위해 침대와 목욕실 정도는 갖추어지길 바랐으며, 찜질방 기능도 있다면 금상첨화임을 제안했다.

> 경로당을 바꿔서 반 요양원 시설을 만들자는 거지요. 노인네들이 하루 24시간을 와서 지낼 수 있도록 하자. 그 첫째 이유가 저녁에 집으로 돌아가서 12시간 밤을 지내는 세월이 젊은 사람도 잠이 안 오면 그 시간이 지루하고 고통스러운데, 노인네들이 혼자 가서 누워있다가 날은 안 새지, 잠은 안 오지 얼마나 그 시간이 곤욕스러운 시간이겠어요. 그래서 24시간을 있을 수 있게 만들자는 거지요... 여기에 목욕시설도 만들고, 침대도 20개면 20개 넣고, 뜨겁게 자려면 뜨겁게 자고, 차게 자고 싶으면 차게 자고, 이런 시설을 경로당에 만들었으면 합니다. 지금 내가 생각하는 것은 경로당 안에다가 목욕실, 그 다음에 찜질방, 그 다음에 침대 등 현대시설을 만들어 주라는 거죠. 침대가 좋든 안 좋든 간에 노인이 늙은 말년에 침대에서도 자고 세상을 살 때도 있구나 알게 하는 거죠. 8
>
> 경로당에 목욕탕이나 그런 시설이 있었으면 좋겠어요. 예전에는 물 문제 때문에 안 되었지만, 지금은 물 사정이 좋아졌으니까 하나 지어줬으면 좋겠어요. 찜질방도 있으면 좋겠지만, 목욕탕만 있어도 좋겠어요. 9.

침대는 노인들에게 매우 중요한 가구로 인식되었다. 침대가 있는 집은 별로 없었으며, 최근 자녀가 집수리를 해줘서 침대를 사용하고 있는 노인은 "침대가 제일 좋아, 푹신푹신하고"(9)라면서 집에서 가장 머물고 싶은 공간이 침대라고 자랑하기도 했다. 무릎 관절과 허리가 대부분 좋지 않은 관계로 누웠다 일어나는 일이 쉽지 않은데, 침대를 사용하면 이런 불편이나 어려움이 줄어들 것이라 생각했다.

4) 노후화된 주택 개량 및 주거 개선

현재 거주하고 있는 곳에서 계속 살 수 있기 위해서는 노년기에 적절한 주택이 전제되어 있어야 한다는 것은 익히 알려져 있다. 마을에 요양원이 있어도, 그리고 경로당이 24시간 운영할 수 있다 하더라도 연구 참여 노인들은 자신의 집을 그대로 가지고 있고자 하였다. 섬은 건축 자재를 육지에서 들여와야 하기 때문에 집수리 비용이나 시간이 도시 지역에 비해 많이 드는 편이었다. 현재의 집들은 30~40년 된 집들로서 내부 개조도 노인들이 생활하기에 편리한 구조가 아닌 경우가 많았다. 특히 이 지역이 바다를 접하고 있어 습기가 많은 점은 건강에 좋지 않은 영향을 미친다고 하였다.

> 집들이 다 30~40년, 40~50년 된 집이다 보니까 노후가 되어 가지고 개조도 하고 해서 깨끗하게 해서 살았으면 합니다...

> 정부가 하다못해 주택 개량 개조사업이라도 해주면. 우리 집 같은 경우는 옛날 장판, 비닐 장판 쓰니까 이게 봄 되면 막 미끌미끌하고 축축하고 습기 차고 그러니까 그런 지원 사업이라도 해주면 어떨까, 이런 것도 하나의 욕심이지요. 8

5) 노인 장기보호 인력의 확보

섬에서 병이 든다는 것은 고향의 집을 떠난다는 것을 의미한다. 병들면 노인들은 도시 병원으로 나갈 수밖에 없으며, 나가서 돌아오지 못하고 타지의 병원에 입원해 있거나 요양시설에 입소되어 다시는 고향에 돌아오지 못하는 경우가 일반적이었다. 병문안을 다녀온 연구 참여 노인은 고향에 다시 돌아가게 해 달라는 간청을 듣는 고통을 전해주었다. 노인들이 원하는 장소에서, 고향에서 돌봄과 임종을 할 수 있기 위해서는 지역 내 요양보호사나 자원봉사자와 같은 인력의 확보가 중요하다. 그러나 현실에서 섬 지역에는 이러한 인력을 확보하기가 어렵다.

섬 지역에는 이러한 일을 하고자 하는 사람들을 확보한다 하더라도 그들을 교육 및 양성하는 과정이 쉽지 않다. 요양시설 원장은 "섬 지역이 되다 보니까 외지에서 들어와야 하는데 젊은 사람들이 가족들과 떨어져서 이 지역에 오래 있기가 힘들다"고 하면서 요양보호 인력 확보의 어려움을 토로했다. 섬 지역에 거주하는 주민 중 비교적 젊은 여성들은 잠수하여 해물을 건지거나 그물에서 고기 떼는 일을 하는 것이 벌이가 더 좋기 때문에 요양보호사 일에 대한 동기가 낮으며, 또 요양보호사를 하려고 해도 섬에서 교육을 제공하는 기관이 없어 육지로 나가서 교육을 받아야 하는 불편함이 있었다. 지방자치단체에서는 여성들을 요양보호사로 양성하고 싶어 해도 요양보호교육을 받기 위해서는 제주도로 나가야 하고, 당일로 교육을 받기 어렵기 때문에 숙박을 며칠씩 해야 하는 경제적, 시간적 부담이 있었다. 자격증을 따는 것 자체부터 제약이 있기 때문에 섬 지역 주민들을 활용하기 위해서는 요양보호사 교육과정을 별도로 섬에 와서 제공해 주는 정부의 지원이 필요하다고 보았다.

> 요양원에 간 분들이 여러 분 계세요. 우리 부락만 해도 여러 분이 계세요. 거기를 가봤어요. 가서 보니까 죄될 말로 돌아가시는 게 낫겠어. 차라리 오늘이라도 돌아가시는 게 당신에게는 행운이요, 그런 거를 느껴본 적이 많아요... 자식들은 잘 계시겠지 하지만, 지내는 생활이 지옥과 같은 세상이라고. 그래서 우리가 가니까 울면서 우리 손을 잡고 고향으로 갔으면 쓰겠다고, 고향 가서 죽었으면 쓰겠다고. 내 집 가서 죽었으면 한다는 거야. 8

> 섬 지역이 되다 보니까 요양보호사를 구하기가 어렵고. 외지에서 들어와야 되는데, 섬 지역이니까 와서 있기가 어렵죠. 젊은 사람들이 와서 가족들과 떨어져서 이 지역에 오래 있기가 어렵죠. 1

여기는 봉사나 후원이 거의 안 들어온다고 보면 돼요. 이 지역 사람들은 후원에 대한 개념이 없어요. 그만한 여력도 안 되고, 살기 바쁘니까. 외지 사람들은 여기를 잘 모르니까, 상황을 잘 몰라요. 시청이나 도청에서도 상황을 잘 모르더라고요. 1

6) 결론 및 제언

에이징 인 플레이스는 삶이 장소와 결합된다는 생각을, 구체적으로는 노년의 욕구와 노인의 정체성에서 장소가 차지하는 중요성이 얼마나 큰지를 알리는 데 공헌을 해왔다. “장소감은 사람의 근육과 뼈에 기록된다”는 이-푸 투안(Yi-Fu Tuan, 2011 : 293)의 말처럼 장소는 오랜 세월에 걸쳐 점진적으로 정서를 증가시키면서 신체에 더욱 깊게 새겨지는 만큼 노인들에게 장소는 특히 더 중요하다. 그러나 최근 에이징 인 플레이스가 어떤 노인들에게는 공포, 외로움, 고립을 의미할 수 있다는 연구 결과들이 제기되면서 그것을 무조건적으로 환영하기보다 노인이 그러한 장소에 부여하는 진정한 의미를 파악하여 접근해야 할 필요성이 높아지고 있다.

이 연구의 목적은 이러한 문제 인식하에 섬 지역에서의 에이징 인 플레이스의 가능성을 탐색하는 데 있었다. 에이징 인 플레이스가 공공 정책에서 증대하는 관심사가 되고 있지만 섬 지역 노인의 에이징 인 플레이스에 대해 알려진 사실은 거의 없다. 고령화 비율이 매우 높고 거주지에 대한 욕구나 경험이 육지와 매우 상이한 섬 지역 노인의 경험을 이해하는 것은 지역 특성을 고려한 차별화된 정책을 수립하는 데 매우 중요하다. 다음에서는 본 연구에서 드러난 주요 결과들을 중심으로 노인의 장소 경험의 의미를 살펴본 후, 에이징 인 플레이스를 실현하기 위한 정부 정책과 추진 전략의 방향을 제안하고자 한다.

본 조사에 참여한 노인들에게 섬은 인생의 전부로, 집은 육신의 안식처이며 경로당은 사회적 교섭의 장이었다. 그리고 섬은 고독, 불안을 주기도 했지만 그보다는 살아 있음의 의미, 추억과 기억의 저장소, 마지막까지 누리는 자유의 공간으로서의 의미가 더 컸다. 따라서 섬을 떠난다는 것은 정체성의 상실, 추억의 뿌리 뽑힘, 삶의 단절을 의미하는 것이므로, 노인들은 더 이상 살아갈 의지를 갖지 못한다. 투안은 "인간을 외부 세계의 황망함에서 보호해 주는 너무나 친숙한 집과 근린에서 강제 퇴거 당하는 사태"를 "피복이 벗겨지는 것이나 다름없는" 경험이라고 표현한 바 있다(이-푸 투안, 2007 : 155).

본 연구에 참여한 노인들에게 섬은 집의 확장된 형태로, 그들이 그렇게 보고 싶어 하는 자녀들과의 동거도 거부하고 불편한 생활을 감수하는 이유는 섬이 곧 삶의 경계선이기 때문이었다. 젊었을 때의 섬은 고통과 가난의 상징으로 탈출의 욕망을 불러일으켰지만, 노년의 섬은 안식과 자유를 제공하는 보금자리였다. 노인에게 섬에 들어와 있는 시간은 삶을, 섬을 나가는 것은 죽은 순간을 의미하는 것이었다. 그러나 그렇다고 하여 섬에 남아있다는 것이 살아있음을 전적으로 의미하는 것은 아니었다. 아무도 없는 적막한 집은 "어떻게 죽을 것인가"라는 해결할 수 없는 물음과 불안에 사로잡히게 했다. 내가 혼자서 밥을 해먹을 수 없는 순간이 오면 어쩔 수 없이 육지 병원으로, 육지의 자녀 집으로 들어가는 것만이 유일한 선택인 줄 안다. 그들 삶을 스스로 결정할 수 없는, 다른 사람의 결정에 그들 삶을 맡겨야 하는 순간은 살아 있어도 껍데기뿐인 삶이라는 것을 경험으로 알고 있었다. 그들은 주변의 노인들이 육지의 병원으로 실려 나가는 것을 보면서 그들이 다시는 섬에 돌아오지 못할 것을 예견하였다. 섬을 떠난 삶은 죽은 목숨이나 다를 바 없기 때문에 살기 위해 가족의 권유도 거부하고 섬에서 살기를 선택했지만, 그러한 선택으로 치러야 할 대가는 노인이 감당하기 어려운 것이었다. 즉, 특정한 장소에 거주한다는 것은 장소가 부과하는 제약과 그에 따른 고통을 감내해야 함을 의미했다.

인터뷰 참여자들이 현재 살고 있는 섬은 그들에게 삶의 연속, 정체성의 유지, 관계의 지속을 의미하는 곳이었지만 현실은 건강한 삶이 보장되는 그러한 장소는 아니었다. 사생활 보장이 되지 않고 개인의 역사가 존중되지 않는 감옥과 같은 장소를 포기한 대가는 아무것도 주어지지 않은 채 그냥 방기되고 내팽겨진 장소에서 살아가는 것이었다. 그들이 살아온 장소에서 그대로 살고 있고 또 더 이상 혼자 살아가기 어려울 때까지 그 장소에서 살아가고 있다고 해서 우리는 그것을 에이징 인 플레이스라 하지는 않는다. 진정한 의미에서의 에이징 인 플레이스는 시간의 흐름에 따라 변화하는 노인들의 욕구를 충족시켜 줄 수 있는 다양한 종류의 광범위한 서비스와 공동체적 관계가 제공될 때 가능하다. 섬 지역에서 에이징 인 플레이스가 실현되기 위해서는 그동안 관심이 부족했던 섬에 대한 정부나 사회의 인식이 바뀌어야만 할 뿐만 아니라 섬에 대한 보다 적극적인 지원 정책이 마련되어야 한다. 인터뷰 참여자들의 진술을 토대로 몇 가지 실천적, 정책적 제언을 하면 다음과 같다.

첫째, 인권 의식의 사회적 확장이다. 인터뷰 결과 가장 중요하면서도 우선되어야 할 것은 섬이 국가의 버려진 영토가 아니고, 섬 사람들도 국가로부터 버려진 자식이 아님을 보여주는 노력이 필요하다는 것이었다. 섬에 거주하는 인구가 적다는 것만으로 정부의 관심과 지원 부재가 정당화될 수는 없다. 이를 위해서는 먼저 섬도 국토의 일부이며, 섬 주민도 평등한 기본권적 권리를 누릴 국민의 일원이라는 사회적 인식을 높이는 것이 중요하다. 최근 우리 사회 전반에 인권이 폭넓게 논의되고 또 그 실현을 위한 노력이 다각도로 이루어지고 있다. 인권이 사회적 약자의 권리 향상에 더 중요한 의미를 갖는다는 점에 주목한다면, 섬에 거주하는 주민들은 우리 사회의 소수자이자 주변인들이기에 이들에 대한 국가적 차원의 지원은 인권적 관점에서 바라봐져야 한다. 다행히 최근 농어업인의 삶의 질 향상을 위한 제도적 기반이 마련되고, 행정안전부 산하에 "섬 발전팀"이 2016년도에 신설되었다는 점이 고무적이지만, 섬의 발전을 경제 논리만이 아닌 사람이 살아가는 장소로서의 의미, 그 장소에 살아온 사람들의 관점으로 접근하는 것이 중요하다 하겠다.

둘째, 에이징 인 플레이스에서 가장 중요한 기본 전제는 건강 및 사회서비스의 접근성으로, 그 접근성의 중심에는 돌봄 제공자가 있다. 따라서 섬에서의 에이징 인 플레이스가 가능하기 위해서는 돌봄 인력 확보의 문제를 해결해야 하는데, 섬 지역에는 요양보호사 자격을 갖춘 인력을 확보, 유지하기 어렵다. 2008년부터 장기요양보험제도가 시행되고 있지만 섬 지역의 노인들에게는 현재까지 그 혜택이 직접적으로 미치고 있지 않다. 제도적으로는 이러한 문제점을 보완하여 도서벽지 등 장기요양시설이 현저히 부족하여 급여를 받을 수 없는 지역의 노인에게는 특별현금급여를 지급하여 가족 등으로부터 상당하는 장기요양급여를 받을 수 있도록 하고 있다. 그러나 섬 지역에는 이용할 수 있는 요양기관이 없을 뿐만 아니라 있더라도 요양보호 인력이 안정적으로 확충되지 않으며, 자녀들 또한 일찍부터 육지로 나가 살고 있기 때문에 노인들은 가족요양 혜택조차 받지 못하고 있다. 섬 지역 노인들이 다른 국민들과 차별 없이 장기요양급여를 받을 수 있게 하기 위해서는 요양보호사 인력을 지역 내 확보해 주어야 하는데, 외부로부터 인력을 수급받기가 용이하지 않은 관계로 지역 내 50~60대 중년층을 돌봄 인력으로 양성하는 것이 필요하다. 이를 위해서는 가장 먼저 요양보호사 교육과정을 용이하게 이수할 수 있게 해주는 것이 중요하다. 섬 지역 내에는 요양보호교육원이 없다는 점, 외지로 나가 교육을 받을 때 물리적, 경제적 비용이 많이 든다는 점 등의 문제점들을 해결해 준다면 지역의 여성들이 요양보호사 자격증을 취득하려는 동기를 높일 수 있다. 이를 위해 섬 지역의 경우 교육프로그램을 면사무소 등의 공공기관에서 직접 수행하게 하거나 원격으로 교육을 받을 수 있도록 하여 자격증을 취득할 수 있는 방법을 보다 용이하게 해줄 필요성이 있다.

셋째, 도시와 농촌의 지역적 차이를 반영한 차별화된 정책이 발전되고 있는 시점에서 농촌과 어촌(섬) 지역 간의 차이를 살펴보고 반영하려는 노력이 필요하다. 과거에는 어촌의 경우 농어촌이라는 하나의 범주 안에 포함되어 논의되곤 하였는데, 에이징 인 플레이스가 노인의 삶을 지지하는 정책으로 발전되기 위해서는 농촌과 어촌이라는 물리적 환경이나 경관이 갖는 차이뿐만 아니라 그러한 그곳에 거주하는 사람들의 장소감, 예를 들어, 농촌 지역과 달리 섬 지역은 바다로 가로막힌 폐쇄적 공간, 예측이 어려운 해상환경에서 삶이 이루어져 왔음을 고려할 필요가 있다.

넷째, 노년기에 특히 증가하는 자율과 의존의 욕구를 함께 배려하는 접근이 필요하다. 일반적으로 노년기에는 자율에 대한 욕구는 줄고 의존 욕구는 높아진다고 생각하는 경향이 있다. 그러나 자율의 능력은 낮아질지 모르지만 자율을 향한 욕구는 오히려 더 높아진다. 왜냐하면 욕구란 부족한 것, 충족되지 않은 것에 대한 갈망이며, 자율은 인간의 본질적 속성이기 때문이다. 섬 지역 노인들에게 거주 장소는 섬이라는 폐쇄된 공간 안에서 집과 경로당이라는 이원화된 구조를 가지고 있었다. 인터뷰 참여 노인들은 모두 경로당에서의 공동 생활을 위해 집을 포기하는 것은 원하지 않았다. 집은 개인의 우선순위가 제대로 존중되는 곳으로, 집을 떠나서는 자유로운 선택이나 결정이 힘들다. 공동생활이 의존의 욕구를 충족시키기 위해 필요한 것이라면 개개인의 집은 자신의 삶에서 할 수 있는 역할이 여전히 남아 있다는 것을 느끼게 하고 독립된 주체로서의 경험을 제공하는 것이기에 아무리 허름한 곳이라도 집을 포기하게 하는 방향으로 보호를 제공하는 것은 바람직하지 않다. 인터뷰 참여 노인들이 원하는 것은 집의 대체가 아닌 집과 경로당에서의 시간적, 공간적 배분을 변화시키는 것이었다. 다만, 집에서 머무는 시간은 줄이고 경로당에서의 시간을 늘릴 필요가 있어 보였으며, 이를 위해 경로당은 복합 센터로서의 변모가 요구되었다. 가장 필요한 것은 목욕시설과 침대로서, 허리가 아픈 사람들은 침대에서 쉬기도 하고 함께 목욕도 할 수 있기를 원했다. 노인들은 특히 가구로서 침대의 필요성을 강조했는데, 노인들은 바닥에 누웠다가 일어나기가 매우 힘든데 침대는 이러한 고통을 줄여주는 데 도움이 되기 때문이다. 이와 더불어 목욕시설에 대한 욕구도 매우 강하였다. 그 이유는 대부분의 집에는 목욕시설이 없고, 섬 지역 전체에 하나 있는 군부대 내 목욕탕을 이용하고 있었으나 이마저 최근 부대 이전으로 폐쇄된 상태였기 때문이었다. 목욕은 노인들에게 위생뿐만 아니라 혈액 순환 등 건강에 도움이 되며, 나아가 젊은 층과의 교류를 매개할 수 있는 장치가 될 수 있다. 최근 들어 농촌 지역에 거주하는 노인들을 위해 공동생활 홈과 공동급식시설, 작은 목욕탕을 지원하는 사업들이 2014년부터 시행되고 있지만, 그 수는 극히 제한적이며 시범적으로 운영되고 있는 실정이어서 작은 도서 지역 노인들에게까지 그 혜택이 미치지 못하고 있다. 목욕시설과 침대 비치는 섬 지역 노인의 욕구를 반영한 에이징 인 플레이스의 구체적 형태가 될 수 있을 것이므로 현재 정부나 지방자치단체는 섬 지역 노인을 위한 경로당 기능 보강에 이를 포함시킬 필요성이 높다 하겠다.

마지막으로, 섬 지역의 경우 의료서비스의 사각지대라는 것은 잘 알려져 있는 사실이다. 최근 정부에서 도서벽지 지역의료서비스 보강을 위해 원격진료, 순회병원선 확충 등을 추진하고 있다. 그런데 본 조사에서 드러난 구체적인 문제로는 치과 진료에 대한 욕구가 강하다는 것이었다. 현재는 정부가 응급환자의 의료 접근성에 초점을 두고 있는데, 노인들이 일상에서 가장 많은 고통을 호소하는 것은 치아 문제이나 현재 섬 지역의 보건지소에서 간단한 충치 치료만 가능한 정도였다. 충치 치료 외에는 거의 제주도로 나가서 치료를 받아야 하는 어려움이 있었다. 치과 치료의 경우 한 번의 치료로 끝나는 경우가 없고 몇 개월에 걸쳐 수차례 진료를 받아야 하므로 이러한 불편 때문에 노인들은 제때 치료받기를 포기하는 경우가 많았으며, 노인들에게 비용 감면이 되는 임플란트도 거의 시술받지 못하고 있었다. 치아 상태는 노년의 삶의 질과 가장 밀접하다고 할 수 있으므로 보건지소나 보건진료소에서 행할 수 있는 치과 진료의 범위를 보다 확대시키는 정부의 지원이 요구된다고 하겠다.

참고문헌

▎제1장 ▎

가스통 바슐라르. 2003.『공간의 시학』. 곽광수 역. 동문선.

강학순. 2007. “공간의 본질에 대한 하이데거의 존재사건학적 해석의 의미”.『존재론 연구』, 15, 381–410.

남기범. 2005. “앤서니 기든스의 구조화 이론과 시공간론”. 국토연구원 엮음.『현대공간이론의 사상가들』. 460–470.

도승연. 2011. “‘탈근대’를 향하는 푸코의 공간 : 공간적 담론에서 담론의 공간으로”. 도승연 · 신지영 · 홍준기 · 심광현 · 이성백 · 정성훈 · 박배균 · 곽노완.『현대철학과 사회이론의 공간적 선회』. 도시인문학연구소 엮음. 라움.

데이비드 하비. 1995. “공간에서 장소로, 다시 반대로 : 포스트모더니티의 조건에 대한 성찰”. 박영민 역.『공간과 사회』, 5, 32–71.

마르쿠스 슈뢰르. 2010.『공간, 장소, 경계』. 정인모 · 배정희 공역. 에코 리브르.

미셸 푸코. 2003.『감시와 처벌 : 감옥의 역사』. 오생근 역. 나남신서.

________. 2014.『헤테로토피아』. 이상길 역. 문학과지성사.

류지석. 2010. “공간과 시간의 결절”.『철학과 현상학 연구』, 46, 35–59.

서우석. 2005. “게오르그 짐멜의 공간이론과 도시문화론”. 국토연구원 엮음.『현대공간이론의 사상가들』. 448–459.

신문수. 2007. “장소 · 인간 · 생태적 삶”.『문학과 환경』, 6(1), 57–79.

신승원. 2017. “앙리 르페브르의 변증법적 공간론”. 김동일 외 9인 공저.『공간에 대한 사회인문학적 이해』. 145–165. 라움.

앙리 르페브르. 2011.『공간의 생산』. 양영란 역. 에코리브르.

앙리 베그르송. 2001.『의식에 직접 주어진 것들에 관한 시론』. 최화 역. 아카넷.

에드워드 케이시. 2016.『장소의 운명』. 박성관 역. 에코리브르.

엄경희. 2019. “헤테로토피아의 장소성에 대한 시학적 탐구”.『국어국문학』, 186, 399–440.

연효숙. 2022. “푸코의 바깥의 공간과 헤테로토피아 공동체”.『시대와 철학』, 33(2), 95–132.

유승호. 2013. “후기 근대와 공간적 전환”.『사회와이론』, 23, 75–104.

이기형. 2008. “문화연구와 공간− 도시공간과 장소를 둘러싼 정치학과시학을 지리학적 상상력으로 그리고 자전적으로 표출하기”. 『언론과 사회』, 16(3), 2−49.

정성훈. 2010. “공간의 의미 부각과 현대성의 위기”. 『사회와 철학』, 20, 239−258.

허경. 2011. “미셸 푸코의 ‘헤테로토피아’− 초기 공간 개념에 대한 비판적 검토”. 『도시인문학연구』, 3(2), 233−267.

▌제2장 ▌

김석수. 2008. “21세기 사회에서 로컬리티와 인문학−포스트모던담론과 연계하여”. 『철학연구』, 107, 91−116.

남기범. 2005. “앤서니 기든스의 구조화 이론과 시공간론”. 국토연구원 엮음. 『현대공간이론의 사상가들』. 460−470.

마르쿠스 슈뢰르. 2010. 『공간, 장소, 경계』. 정인모 · 배정희 공역. 에코리브르.

에드워드 렐프. 2005. 『장소와 장소상실』. 김덕현 · 김현주 · 심승희 공역. 논형.

에드워드 케이시. 2016. 『장소의 운명』. 박성관 역. 에코리브르.

이−푸 투안. 2007. 『공간과 장소』. 구동희 · 심승희 공역. 도서출판 대윤.

__________. 2020. 『공간과 장소』. 윤영호 · 김미선 공역. 사이.

정미라. 2013. “이성과 상호인정문제 : 헤겔의 실천철학에 나타난 이성개념을 중심으로”. 『새한철학회 논문집 철학논총』, 72(2), 443−462.

정화열. 1999. 『몸의 정치』. 민음사.

제프 말파스. 2014. 『장소와 경험』. 김지혜 역. 에코리브르.

최병두. 2002. 『근대적 공간의 한계』. 삼인.

팀 크레스웰. 2016. 『짧은 지리학 개론 시리즈 : 장소』. 심승희 역. 시그마프레스.

Agnew, J. 1987. *Place and Politics: The Geographical mediation of State and Society.* Allen & Unwin, Boston.

Parton, N. & Marshal, W. 1998. Postmodernism and discourse approaches to social work. In A. Adams, L. Dominelli, & M. Payne(Eds.), *Social work : Themes, issues and critical debates.* Macmillan.

▌제3장▐

가스통 바슐라르. 2003. 『공간의 시학』. 곽광수 역. 동문선.

강학순. 2007. "하이데거에 있어서 '존재의 토폴로지'에 관하여". 『존재론 연구』, 23.

김광현. 2018. 『건축강의 3 : 거주하는 장소』. 안그라픽스.

김덕현. 2008. "장소와 장소 상실, 그리고 지리적 감수성". 『배달말』, 43, 1－20.

김미현. 2019. "21세기 재난소설의 '비장소(Non－Place)'와 경계사유". 『이화어문논집』, 49, 186－207

데이비드 하비. 1995. "공간에서 장소로, 다시 반대로 : 포스트모더니티 의 조건에 대한 성찰". 박영민 역. 『공간과 사회』, 5, 32－71.

__________. 2001. 『희망의 공간 : 세계화, 신체, 유토피아』. 최병두 · 이상율 · 박규택 · 이보영 공역. 한울.

__________. 2016. "공간에서 장소로, 다시 반대로－포스트모더니티의 조건에 대한 성찰". 박영민 역. 『공간과 사회』, 5, 32－71.

박배균. 2012. "한국학 연구에서 사회－공간관적 관점의 필요성에 대한 소고". 『대한지리학회지』, 47(1), 37－59.

신재은. 2006. "유년의 기억 속에 투영된 공간수사학". 『현대문학의 연구』, 28, 305－335.

에드워드 렐프. 2005. 『장소와 장소상실』. 김덕현 · 김현주 · 심승희 공역. 논형.

요시하라 나오키. 2010. 『모빌리티와 공간 : 글로벌화와 동시공간의 전환』. 이상봉 · 신나경 공역. 심산출판사.

이도훈. 2014. "공간 재상산과 정서상실 : 한국 독립 다큐멘터리가 동시대의 공간 재생산을 기록하는 방식". 『영상예술연구』, 24, 43－75.

이영수. 1995. "뱃사공 손돌공의 원혼－손돌바람과 손돌추위에 대하여". 『황해문화』. 가을호, 181－182.

이준용 · 이원석. 2023. "에드워드 렐프의 장소정체성과 무장소성(placelessness)을 통해 본 백화점 특성 변화에 관한 연구". 『대한건축학회논문집』, 39(5), 93－104.

이－푸 투안. 2007. 『공간과 장소』. 구동희 · 심승희 공역. 도서출판 대윤.

__________. 2011. 『토포필리아』. 이옥진 역. 에코리브르.

정혜진. 2015. "마크 오제의 '비－장소'로 본 이동성의 도시건축공간과 장소". 『대한건축학회논문집』, 31(3), 131－142.

제프 말파스. 2014.『장소와 경험』. 김지혜 역. 에코리브르.
최영호. 1998. “한국 해양소설 연구－현대 소설에 묘사된 바다를 중심으로”. 고려대학교 대학원 박사학위논문.
팀 크레스웰. 2016.『짧은 지리학 개론 시리즈 : 장소』. 심승희 역. 시그마프레스.
Agnew, J. 1987. *Place and Politics: The Geographical mediation of State and Society*. Allen & Unwin, Boston.
Smith, J. S. & Cartlidge, M. R. 2011. Place attachment among retirees in Greensburg, Kansas. *The Geographical Review*, 101(4), 536－555.

❙ 제4장 ❙

김재은. 1987.『한국인의 의식과 행동양식』. 이화여자대학교출판부.
박명석. 1979.『동과 서 : 그 의식구조의 차이』. 탐구당.
에드워드 홀. 2002.『숨겨진 차원 : 공간의 인류학』. 최효선 역. 한길사.
오세철. 1982.『문화의 사회심리 이론』. 박영사.
우국희. 1990. “사회사업 실천에서의 ‘환경’ 연구”. 서울대학교 대학원 석사학위논문.
유나리. 2022. 〔세계〕 미국 : 기후변화와 사회복지의 역할.『복지타임즈』2022. 9.
이상은. 2023. 기후변화와 복지국가.『복지이슈 Today』, 121.
장인협. 1989.『사회사업실천방법론(하)』. 서울대학교출판부.
주남철. 1980.『한국 주택 건축』. 일지사.
Bay, U. 2010. “Book Reviews : Social work and the environment under－standing people and place” *Australian Social Work*, 63(3), 366－367.
Besthorn, F. H. 2012. Deep ecology's contributions to social work : A ten－year retrospective. *International Journal of Social Welfare*, 21, 248－259.
Coates, J. & Gray, M. 2011. The environment and social work; an overview and introduction. *International Journal of Social Welfare*, 21, 230－238.
Dewane, C. J. 2011. Environmentalism and social work : The ultimate social justice issue. *Social Work Today*, 11(5).

Germain, C.(Ed.) 1979. *Social work practice people and environment.* New York : Columbia university Press.

Germain, C. & Gitterman, A. 1980. *The life model of social work practice.* New York : Columbia university Press.

__________ 1986. The life model approach to social work practice revisited. In Turner, F. J. & Kendall, K. A.(Eds.), 3rd. *Social work Treatment : Interlocking theoretical approaches.* N.Y. : The Free Press.

Harris, C. & Boddy, J. 2017. The natural environment in social work education : A content analysis of Australian social work courses. *Australian Social Work,* 1–13.

Hoff, M. D. & McNutt, J. G. 1994. *The global environmental crisis : Implications for social welfare and social work.* Brookfield, VT : Avebury.

Mailick, M. D. 1977. A situational perspective in casework theory. *Social Casework,* 7.

Miller, S. E., Hayward, R. & Shaw, T. 2012. Environmental shifts for social work; A principles approach. *International Journal of social Welfare,* 21, 270–277.

Ramsay, S. & Boddy, J. 2017. Environmental social work : A concept analysis. *British Journal of Social Work,* 47, 68–86.

Richmond, M. 1917. *Social Diagnosis.* N.Y. : Russell Sage Foundation.

__________ 1922. *What is social case work?.* N.Y. : Russell Sage Foundation.

Teixeira, S. & Krings, A. 2015. Sustainable social work : An environmental justice framework for social workeducation. *Social Work Education,* 34(5), 513–527.

Weick, A. 1980. Reframing the person–in–environment perspecive. *Social Work,* 3.

Zapf, M. Kim. 2010. Social work and the environment : understanding people and place. *Critical Social Work,* 11(3), 30–46.

인터넷 자료

연합뉴스. 2024. 2. 8. 브레이크 없는 지구 온도 상승...“‘1.5도 마지노선’ 연간 첫 돌파”.

한국사회복지사 윤리강령. https://www.welfare.net/welfare/social-workers/ethics-and-oath

Forman, A. 2023. Social work, climate change, and environmental justice.

https://masterinsocialworkonline.org/resourses/climate-cange/#:~text

https://www.jswej.org/5-reasons-why-environmental-justice-work-is-social-work

Rines, J. 2021. 5 reasons why environmental justice work is social work.

▌제5장 ▌

가스통 바슐라르. 2003. 『공간의 시학』. 곽광수 역. 동문선.

권오정 · 이용민 · 하해화 · 김진영 · 염혜실. 2014. 노년층의 지역 내 계속 거주 이유에 관한 연구. 『Family and Environment Research』, 52(3), 285-299.

마르쿠스 슈뢰르. 2010. 『공간, 장소, 경계』. 정인모 · 배정희 공역. 에코리브르.

보건복지부 역. 2000. 고령화 관련 국제행동계획과 노인을 위한 유엔 원칙.

아툴 가완디. 2015. 『어떻게 죽을 것인가』. 김희정 역. 부키.

우국희. 2014. 『노인의 자기방임 : 위험과 권리 사이』. 공동체.

이가옥 · 우국희 · 최성재. 2004. 노인독립 담론에 대한 비판적 성찰; 독립과 의존의 재개념화. 『한국사회복지학』, 56(1), 5-22.

이-푸 투안. 2011. 『토포필리아』. 이옥진 역. 에코리브르.

정소양 외. 2024. “고령자의 지역사회 계속거주(Aging in Place), 무엇을 어떻게 지원할 것인가?”. 『국토정책 Brief』, 965. 국토연구원.

조아라. 2013. “일본의 고령자 거주문제와 주거정책 : aging in place를 중심으로”. 『대한지리학회지』, 8(5), 709-727.

필립 아리에스. 2002. 『사생활의 역사 4』. 조루주 뒤비 책임편집. 전수연 역. 새물결.

콜레트 메나주. 2013. 『노년예찬』. 심영아 역. 정은문고.

Chi-Wai Lui, et al. 2009. Review Article: What makes a community age-friendly: A review of international literature. *Australian Journal on Ageing*, 28(3), 116-121.

Gibson, D. 1998. *Aged care: Old policies, new problems*. Cambridge University Press.

Means, R. 2007. Safe as houses? Ageing in place and vulnerable older people in the UK. *Social Policy & Administration*, 41(1), 65-85.

Moore, K. D. 2014. An ecological framework of place: situating environmental gerontology within a life course perspective. *Journal of Aging and human development*, 79(3), 183-209.

Oswald, F., Jopp, D., Rott, C. & Wahl, H. 2011. "Is aging in place a resource for or risk to life satisfaction?". *The Gerontologist* 51(2), 238-250.

Phillipson, C. 2007. The 'elected' and the 'excluded' : sociological perspectives on the experience of place and community in old age. *Ageing & Society*, 27, 321-342.

Reed, J., Cook, G., Sullivan, Q. & Burridge, C. 2003. Making a move: Care-home residents' experiences of relocation. *Ageing & Society*, 23, 225-241.

Sixsmith, A. & Sixsmith, J. 2008. Ageing in place in the United Kingdom, *Ageing International*, 32, 219-235.

Smith, J. S. & Cartlidge, M. R. 2011. Place attachment among retirees in Greensburg, Kansas. *The Geographical Review*, 101(4), 536-555.

Thomas, W. H. & Blanchard, J. M. 2009. Moving beyond place: aging in community. *Generations*, 33(2), 12-17.

UN. 1982. Report of the world assembly on aging. Vienna.

___. 2002. Political declaration and Madrid International plan of action on ageing. Second World Assembly on Ageing. Madrid, Spain.

Vasunilashorn, S., Steinman, B. A., Liebig, P. S. & Pynoos, J. 2012. Aging in place: evolution of a research topic whose time has come. *Journal of Aging Research*, 1-6.

동아일보. 2024. 7. 24. 美-유럽, '집에서 늙고 죽을 권리'에 주목.
르몽드 디플로마티크. 57호. 2013. 6. 7. "노인을 수출하는 독일: 늙어가는 지구".

인터넷 자료

홀리 모리스 2013년 6월 테드 강연.
http://www.Ted.com/talks/holly_morris_why_stay_in_chernobyl_be-cause_it_s_home

▎제6장 ▎

김동윤. 2007. "좋은 삶과 웰빙 지향성의 공간 : 도시에 대한 인문학적 성찰". 『사회비평』, 38, 119-125.
김유진・박순미・박소정. 2019. 고령자의 에이징 인 플레이스를 위한 서비스 지원 주거 모델 개발 연구. 『보건사회연구』, 39(2), 65-102.
김정근. 2021. 코로나19 팬데믹 시대 미국의 AI/로봇을 활용한 노인 돌봄 사례와 이슈. 『국제사회보장리뷰』, 16, 16-26.
대한민국정부. 2020. 제4차 저출산고령사회기본계획(2021~2025).
백지혜・류병주. 2024. 노년기 사회적 고립과 외로움 : 미국의 대응책가 시사점. 『국제사회보장리뷰』, 28, 83-94.
보건복지부. 2019. "2019년 보건복지부 주요업무 추진계획".
보건복지부 역. 2000. "고령화 관련 국제행동계획과 노인을 위한 유엔 원칙".
보건복지부 커뮤니티케어 추진본부. 2020. 『지역사회 통합돌봄 자체 추진 가이드북』.
아툴 가완디. 2015. 『어떻게 죽을 것인가』. 김희정 역. 부키.
우국희. 2016. 『사례관리론』. 공동체.
콜레트 메나주. 2013. 『노년예찬』. 심영아 역. 정은문고.
홍형옥・지은영. 2004. 지역사회보호체계를 위한 수요자와 복지서비스 전달자의 노인주거서비스 요구도. 『한국가정관리학회지』, 22(2), 1-12.
Bacsu, J., Jeffery, B., Abonyi, S., Johnson, S., Novik, N., Martz, D. & Oosman, S. 2014. Healthy aging in place: Perceptions of rural adults. *Educational Gerontology,* 40, 327-337.

Blanchard, J. 2013. Aging in community: the communitarian alternatice to aging in place, alone. *Journal of the American Society in Aging,* 37(4), 6–13.

Bochel, C., Bochel, H. & Page, D. 1999. Housing : the foundation of com–munity care? *Health and Social Care in the Community,* 7(6), 492–501.

Department of Health. 1989. *Caring for People.* London; HMSO.

Lavender, A. & Holloway, F.(Eds.) 1988. *Community care in practice: services for the continuing care client.* John Wiley & Sons.

Rowles, G. D. 1993. Evolving Images of Place in Aging and 'Aging in Place'. *Generations: Journal of the American Society on Aging,* 17(2), 65–70.

Scharlach, A., Graham, C. & Lehning, A. 2012. "The Village" model : a con–sumer–driven approach for aging in place. *The Gerontologist,* 52(3), 418–427.

Tester, S. 1996. *Community care for older people: a comparative perspective.* ST Martin's Press.

Thomas, W. H. & Blanchard, J. M. 2009. Moving beyond place: aging in community. *Generations,* 33(2), 12–17.

Tinker, A. 1996. *Older people in modern society*(4th ed). London: Longman.

Vasunilashorn, S, Steinman, A, Liebig, S. & Pynoos, J. 2012. Aging in Place: Evolution of a Research Topic Whose Time Has Come. *Journal of Aging Research,* 1-6.

저출산고령사회위원회 보도자료. 2024. 10. 29. "저출산고령사회위원회, 생명보험사, 건설사 등과 고령자 주택, 요양시설 및 돌봄서비스 육성을 위한 개선 대책 논의".

인터넷 자료

국가전략정보포털 "섬지역 관리 현황과 향후 과제".

비컨 힐 빌리지 http://www.beaconhillvillage.org

The Washington Post. 2014. 2. 6. "Through a growing number of senior vil–lages in the D.C. area, aging in place becomes easier".

https://nsp.nanet.go.kr/plan/subject/detail.do?nationalPlanControlNo=PLAN0000038902

❙ 제7장 ❙

박변갑. 2023. “가상공간에서의 장소애착 영향요인에 관한 연구”. 『한국공간디자인학회논문집』, 18(5), 217-228.

에드워드 S. 케이시. 2016. 『장소의 운명』. 박성관 역. 에코리브르.

오미현. 2022. “고령자의 치유를 위한 가상공간의 접근 방향성 연구-환경의 지각과 인지 과정 중심으로”. 『한국공간디자인학회논문집』, 17(3), 249-257.

우운택・이원재・이은수 외. 2022. 『다음 세상이 온다 포스트 메타버스』. 포르체.

이동은. 2007. “가상세계(Virtual World)의 장소성 획득을 위한 스토리텔링 : 세컨드라이프 <세라코리아> 기획을 중심으로”. 이화여자대학교 대학원 석사학위논문.

이병수. 2022. “장소에 내재한 억압적 이데올로기 표현에 관한 연구”. 서울대학교 대학원 박사학위논문.

이화영・김상용. 2024. “VR 환경에서 재현된 개인적 공간 연출의 장소성이 사용자에게 주관적 시점으로 몰입되는 주체화 과정에 대한 연구”. 『디지털콘텐츠학회논문지』, 25(1), 39-48

정지윤・성정환. 2021. 시뮬라크로로 바라본 게임 공간의 장소성 형성과정 고찰. 『게임과 사회』, 21(3), 25-38.

Lee Mijin, et al. 2022. Psychological effects of grees experiences in a Virtual environment : A systematic review. *Forests*, 13(10).

인터넷 자료

이원근. 2013. https://typographyseoul.com/ 뜻밖에도 뉴미디어가 장소성을 되살리다

SK 텔레콤. 어느 해녀의 그리움 https://www.youtube.com/watch?v=0oiMnTmXFoY

❙ 제8장 ❙

김근용 외. 2008. 『2007년도 주거실태조사－노인가구』. 국토해양부.

김민희・김성희. 2012. “섬 지역 노인의 생활 실태와 복지서비스 욕구－여수시의 섬을 중심으로”. 『한국도서연구』, 24(1), 95－117.

김수영・문경주・오찬옥. 2015. “고령화 지역의 Aging in Place에 영향을 주는 조건 분석을 통한 정책 방향 탐색”. 『지역사회연구』, 23(2), 137－164.

김영란. 2010. “섬 지역 경로당활성화를 위한 완도군여가지도자 활동 사례 연구”. 『한국도서연구』, 22(1), 101－130.

김정섭・임지은・박천수. 2012. “농어촌 지역의 인구, 산업, 일자리 동향과 전망”. 『농업전망 2012』. 한국농촌경제연구원.

김진환・송서호・윤상헌. 2015. 『농촌고령자 공동시설기획설계 및 유형별 운영모델 개발』. 농림축산식품부・한국농어촌공사.

박성현・최지호・강형철. 2024. 섬 인구문제 대응을 위한 생활인구 확대방안 연구. 『GRI 연구논총』, 26(1), 121－143.

손대현. 2006. 우리나라 도서관광 개발의 기본 전략. 『관광레저연구』, 18(1), 267－283.

신순호. 2020. 〔기조 강연〕 섬의 가치와 발전 방향 : 한국 섬 지역을 중심으로. (사)한국지역개발학회 2020년 국제 세미나 자료집, 51－64.

우국희. 2017. “섬 지역 고령자의 장소 경험과 의미 : Aging in Place는 가능한가?”. 『비판사회정책』, 54, 260－304.

육수현 외. 2022. 『섬 통계 DB 구축방안 연구』. 한국섬진흥원.

이제연. 2017. 접근성에 따른 도시지역 인구변화 분석. 『도서문화』, 50, 45－68.

이－푸 투안. 2007. 『공간과 장소』, 구동희・심승희 공역. 도서출판 대윤.

전상구. 2023. 섬의 헌법적 의미. 『해항도시문화교섭학』, 29, 121－153.

정광중. 2012. “추자도의 지리적 환경”. 조성윤 외 8인. 『추자도 바당』. 블루앤노트. 22－61.

정희종. 2012. “과거와 현재, 섬 문화의 변화”. 조성윤 외 8인. 『추자도 바당』. 블루앤노트. 64－103.

존 W. 크레스웰. 2010. 조흥식・정선욱・김진숙・권지성 공역. 『질적 연구방법론 : 다섯가지 전통』. 학지사.

현외성・마은경. 2010. 섬 지역 노인복지서비스 인지와 만족도 연구. 『노인복지연구』, 49, 107－126.

농림축산식품부 보도자료. 2013. 4. 30. "농어촌 마을 리모델링법 국회 본회의 통과".

디지털 타임즈. 2024. 8. 8. [르포] 학교 사라져도 동문회 남아… 주민들이 준비한 '섬의 날'.

연합뉴스. 2024. 7. 20. [지방소멸 경고등] '황금그물의 섬 추자도' 어디로... 15년새 인구 반토막.

행정안전부. 2021. 10. 18. '인구감소지역' 89곳 지정, 지방살리기 본격 나선다! 보도자료.

인터넷 자료

통계청. 2024. 9. 26. 2024 고령자 통계. 보도자료.

통계청. https://www.affcensus.go.kr/main/ehpa/aa/ehpaaa100m01(농림어업총조사).

찾아보기

에이징 인 플레이스

노인과 장소의 재발견

|저자| 우국희

|1판 1쇄| 발행 2025년 3월 1일

|발행인| 김 동 훈
|발행처| 공 동 체

|주소| 경기도 고양시 일산동구 호수로 358-39, 동문타워 I 905호(백석동)
|전화| 031) 814-3000(대표)
|팩스| 031) 814-3100
|홈페이지| http://www.compub.co.kr
|전자우편| compub@naver.com
|출판등록| 2005년 10월 6일
|등록번호| 제396-2005-36호

|ISBN| 979－11－6725－856－4
정가 17,000원